언어발달

아동은 어떻게 언어를 습득해 가는가

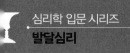

심리학 입문 시리즈
발달심리

언어발달

| 이현진 저 |

아동은 어떻게 언어를 습득해 가는가

학지사

5

인간은 어느 시점이 되면 말을 한다. 이건 특별한 일이 아니기에 주목받을 일이 아니다. 하지만 그 현상을 좀 더 깊이 바라보기 시작하면 이보다 경이로운 일도 없는 듯하다. 대부분의 아동은 4세경이 되면 모국어를 자유자재로 구사한다. 이 짧은 기간 동안에 아이들이 할 수 있는 일을 생각해 볼 때, 이런 능력을 갖추게 된 것은 신비롭기까지 하다. 이처럼 빠르게 진행되는 언어발달 과정은 흥미로운 연구 주제가 되었고, 특히 언어발달을 통해 마음(mind)을 들여다볼 수 있다는 견해가 대두되면서 언어발달 연구는 인지과학 영역에서 중요한 몫을 담당하게 되었다.

최근에 진화론으로 인간 정신의 출현을 설명하고자 하는 진화심리학이 출현하였다. 이 새로운 접근은 언어 연구에서도 새바람을 불러일으켰다. 이 접근에서는 언어가 어떻게 출현하였는지를 탐색하면서 언어가 인간 고유의 생물학적 능력이라는 점을 부각시켰다. 더 나아가 인간 뇌에 대한 신경과학 연구들과 손을 잡으며 신비에 싸여 있던 언어발달의 생물학적 근원을 찾아 주고 있다.

이 책은 언어발달에 대한 진화심리학적 탐색으로 시작하여 신경과학에서 찾아낸 언어발달과 관련된 여러 연구 결과를 소개하였다. 또한 음운 발달, 어휘 발달, 통사 발달과 같은 언어학적 구성요소의 발달과정을 소개하고, 최근 인지발달의 주요한 주제로 많은 연구가 수행된 마음이론과 언어발달 간의 관계를 조명해 보고자 하였다. 이 책에서는 번역서들이 다루지 못했던 한국 아동의 언어발달 연구 결과들을 다른 언어 연구의 결과들과 비교하며 언어발달에서 언어 보편적 특성과 언어 특정적 특성을 구별하여 설명하려 하였다. 하지만 국내에서 발표된 모든 연구를 섭렵하지 못했음은 아쉬움으로 남는다. 이러한 아쉬움은 후학들의 몫으로 남겨 놓을 수밖에 없을 것 같다.

이 책을 쓰기로 한 건 꽤 오래전이었다. 필자의 게으름 때문에 정년을 앞두고야 겨우 마무리할 수 있었다. 오랜 시간을 기다려 주신 학지사 김진환 사장님께 감사부터 드려야 할 것 같다. 책을 마무리하며 생각해 보니 감사한 분이 많다. 압량벌에서의 시간을 따뜻한 온정으로 감싸 주신 김혈조 선생님을 비롯한 북두칠성 선생님들, 즐거움과 건강을 맡아 주신 YUB.C 선생님들, 모두 잊지 못할 소중한 분들이기에 감사의 마음을 전하고 싶다. 이 책의 초교를 꼼꼼하게 읽고 많은 조언을 해 준 40년 지기 소중한 벗이자 심리학 동반자로 필자 곁을 지켜 준 충북대학교 김혜리 선생은 누구보다도 감사의 마음을 전하고 싶은 분이다. 부모님의 빈자리를 채워 준 우리 가족은 언제나 든든한 힘이 되어 주었다. 이 머리말을 쓰다 보니 얼마 전에 작고하신 영원한 스승이신 서울대학교 故 조명한 선생님, 그리고 오래전에 마음속에 묻어 놓은 돌아가신 부모님이 무척이나 그리워진다.

2021년을 맞이하며

이현진

차례 <<<

INTRODUCTION
TO
PSYCHOLOGY

01 _

언어란 무엇인가

인간은 누구나 언어를 사용한다. 인간 언어는 인간을 다른 동물과 구별지어주는 중요한 능력이다. 이러한 인간 언어는 어떻게 출현하였을까? 최근 진화심리학에서는 인간 언어의 발생을 의사소통하려는 목적을 충족시키기 위한 본능이 진화된 것으로 추정한다. 이 장에서는 진화심리학적 접근에서 설명하는 인간 언어 발생을 소개할 것이다. 인간 언어의 주요 기능이 의사소통이기는 하지만 인간 언어는 의사소통 체계 이상의 특성을 갖고 있다. 이 장에서는 인간 언어의 고유한 특성을 다른 동물의 의사소통 체계와 비교하고, 다른 동물에게 인간 언어를 가르치려는 시도를 통해 살펴보고자 한다. 마지막으로 다른 동물의 의사소통 체계에서는 찾아볼 수 없는 인간 언어 구조의 특성을 소개한다.

1. 인간 언어의 고유성

인간이 있는 곳에는 어디에나 언어가 있다. 모든 문화권에서 인간은 나름대로의 언어를 사용하였던 것이다. 예를 들어, 1930년경에 뉴기니아의 고립된 고원에서 100만 명의 석기인이 발견되었는데, 이들은 문명 세계와 4만 년 동안 격리되어 있었음에도 불구하고 추상적이고 복잡한 개념을 표현할 수 있는 언어를 사용하고 있었다(Pinker, 1994). 인간의 고유한 능력으로 알려진 언어는 인간을 다른 동물과 구별지어주는 주요한 능력으로 간주되기도 한다. 최근 전 세계적으로 1000만 베스트셀러의 기록을 세운 유발 하라리의『사피엔스』에서도 인간이 다른 동물을 정복하고 세상을 정복한 것이 인간 언어 덕분이라고 언급하고 있다. 그렇다면 인간은 왜 이러한 언어를 사용해 왔는가? 인간이 언어를 사용하는 주요 목적 중 하나는 자신의 의사를 전달하기 위해서이다. 그렇다. 인간 언어가 중요한 의사소통 수단이라는 것을 부정할 사람은 없을 것이다. 하지만 인간 언어를 단순히 의사소통의 수단으로만 정의한다면 인간 언어가 가지는 고유한 특성들을 간과해 버리는 문제가 생긴다. 동물들도 의사소통을 위해 여러 가지 신호를 사용한다. 하지만 동물이 다른 동물에게 신호로 보내는 몸짓이나 묘한 발성들은 인간 언어와 구별된다. 예를 들어, 동부 아프리카에 서식하는 버빗원숭이는 '표범 경계음' '독수리 경계음' '뱀 경계음'과 같은 세 종류의 울음소리를 구별하여 의사소통을 한다(Hoff, 2017).

'표범 경계음'이 들리면 원숭이들은 근처의 풀숲으로 뛰어 들어가 몸을 숨긴다. '독수리 경계음'이 들리면 원숭이들은 하늘을 쳐다보며 꺽꺽댄다. '뱀 경계음'이 들리면 원숭이들은 발끝을 들고 땅 밑을 둘러본다. 이처럼 각각의 경계음은 서로 다른 의미를 전달해 주는 기능을 가지고 있다. 분명히 의사소통 기능을 갖고 있는 것이다. 그렇다면 이러한 동물의 의사소통 체계는 인간 언어와 어떤 점에서 구별되는가? 인간 언어가 다른 동물의 의사소통 체계와 구별된다면 인간 언어에는 다른 동물의 의사소통 체계에서는 찾아볼 수 없는 인간 언어만의 고유한 특성이 있어야만 한다. 이 장에서는 인간 언어만이 가지는 고유한 종 특정적(species-specific) 특성을 두 가지 접근을 통해 살펴볼 것이다. 그 하나는 다른 동물의 의사소통 체계에는 없는 특별한 특성이 인간 언어에 있는지를 찾아보는 것이다. 또 다른 방법은 다른 동물이 인간 언어를 배울 수 있는지를 살펴보는 것이다.

[그림 1-1] 버빗원숭이

1) 인간 언어의 종 특정적 특성

인간 언어는 인간을 다른 동물과 구별해 주는 주요 특성으로 알려
져 있다. 이 말은 인간 언어가 다른 동물에게서는 찾아볼 수 없는 인
간만의 고유한 능력이라는 점을 함의하고 있다. 그렇다면 인간 언어
가 다른 동물의 의사소통 수단과 구별되는 특별한 특성은 과연 무엇
일까? 이 장에서는 동물의 의사소통 체계와 구별되는 인간 언어 고유
의 특성을 살펴보고자 한다.

(1) 위계적 구조

인간 언어는 위계적 구조로 구성되어 있다. 언어 구조에서 음소
(phoneme)는 더 이상 분해될 수 없는 가장 작은 구성요소이다. 음소
가 결합되면 음절(syllable)을 이루고, 여기에 의미가 부여되면 단어
(word)가 되고, 단어가 결합되면 문장(sentence)이 된다. 이와 같은
결합에서 주목할 것은 구성요소들이 단순히 순서대로 정렬되는 것
이 아니라 위계적으로 구성된다는 것이다. "그 남자가 한국을 떠났
다."라는 문장을 예로 들어 보자. 이 문장은 '그' '남자가' '한국을' '떠
났다'라는 단어들로 구성되어 있는데, 이 단어들은 단순히 일렬로 정
렬되어 있는 것이 아니다. 이 문장을 구성하는 단어들은 서로 연합
하는 정도가 다르다. 예를 들면, '그'와 '남자가' 사이의 연합은 '남자'
와 '한국을 떠났다' 사이의 연합보다 강하게 형성되어 하나의 구성성
분(constituent)으로 간주될 수 있다. 이러한 사실을 증명해 줄 수 있

는 증거가 몇 가지 있다. 우선, '그'와 '남자'는 '그'라는 대명사로 대신할 수 있다. 그리하여 "그 남자가 한국을 떠났다."는 "그가 한국을 떠났다."로 바꿀 수 있다. 또 다른 증거는 동사를 수식하는 부사가 삽입되는 위치에서 볼 수 있다. '분명히'라는 부사는 '남자' 다음에는 삽입될 수 있지만 '그'와 '남자' 사이에는 불가능하다. 그리하여 "그 남자가 **분명히** 한국을 떠났다."는 옳은 문장이지만 "그 **분명히** 남자가 한국을 떠났다."는 우리말의 통사 법칙에 어긋나는 표현이다. 이러한 사실들은 '그 남자'가 하나의 단위로 묶일 수 있는 반면에 "남자가 한국을 떠났다."는 그렇지 않음을 보여 주는 증거라 하겠다. 이러한 사실을 근거로 하여 "그 남자가 한국을 떠났다."를 언어학적으로 분석하면 다음과 같다. '그 남자가'는 명사구(NP)에 해당되고 '한국을 떠났다'는 동사구(VP)에 해당되는데, 이 명사구와 동사구는 다음과 같이 위계적으로 결합된다.

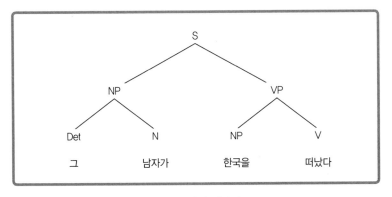

[그림 1-2] 문장의 위계적 구조

이러한 인간 언어의 위계적 구조는 인간에게만 있는 뇌 모듈에 의해 결정되기에(Chomsky, 1965), 다른 동물의 의사소통 수단에서는 이러한 특성을 찾아볼 수 없다. 예를 들어, 버빗원숭이가 세 종류의 경계음을 연이어 산출한다고 해도 그 연쇄는 단순한 나열일 뿐이지 위계적 구조로 구성된 것은 아니다. 이처럼 인간 언어가 위계적 구조로 구성되어 있다는 것은 다른 종의 의사소통 체계에서는 찾아볼 수 없는 인간 언어만이 가지는 특별한 특성이라고 하겠다.

(2) 생산성

언어의 생산성은 무한한 수의 새로운 문장을 생성할 수 있는 능력을 의미하는데, 인간 언어에는 이러한 생산성이 있다. 앞에서 인용한 문장을 다시 살펴보자. "그 남자가 한국을 떠났다."라는 문장(S)은 명사구(NP)와 동사구(VP)로 구성되어 있다. 명사구는 지시어나 형용사와 같은 수식어와 명사(N)로, 동사구는 명사구와 동사(V)로 더 세분화된다. 이것은 다음과 같은 문장 규칙으로 표현될 수 있다.

- 문장(S) → 명사구(NP)+동사구(VP)
- 명사구(NP) → 형용사(Adj)+명사(N)
- 동사구(VP) → 명사구(NP)+동사(V)

이러한 문장규칙에서 형용사와 명사구를 괄호 안에 넣은 것은 생략될 수 있음을 의미한다. 예를 들어, '아름다운 꽃' '시든 꽃' '아름다운 여자' 등 여러 형용사와 명사를 넣어서 다양한 명사구를 만들 수 있다. 동사구도 마찬가지로, 명사구와 동사를 여러 가지로 대체함으로써 '아름다운 꽃을 품에 안았다' '시든 꽃을 버렸다' '아름다운 여자를 바라보았다' 등 다양한 표현이 가능하다. 문장도 마찬가지로 설명할 수 있다. 이와 같이 간단한 문장 규칙하에서도 다양한 명사나 동사, 또는 형용사를 투입함으로써 무한한 수의 문장을 생성할 수 있다. 이것이 언어의 생산성이다.

　언어의 생산성은 이러한 단어의 결합뿐만 아니라 문장의 결합에서도 찾아볼 수 있다. 문장과 문장이 결합되어 복문이 구성된다. 우리는 문장과 문장을 '-고'와 같은 접미어를 이용하여 병렬적으로 결합시키거나, 한 문장 내에 다른 문장을 내포시킴으로써 더 큰 문장을 만들 수 있다. 예를 들면, "엄마가 밥을 차려 주고 영희가 밥을 먹었다." "영희는 밥을 먹고 책가방을 들고 집을 나서서 학교에 갔다."와 같이 문장과 문장은 무한하게 연결될 수 있다. 또 다른 예로는 "경찰관이 도둑을 잡았다."와 같은 문장은 "영희는 경찰관이 도둑을 잡았다고 생각했다."로, "철수는 영희가 경찰관이 도둑을 잡았다고 생각했다고 말했다." 등 계속하여 문장을 내포시킬 수 있다. 이것도 인간의 언어가 가지는 생산성이다. 이에 반해 동물의 의사소통에서는 이러한 생산성을 찾아볼 수 없다. 앞에서 언급한 버빗원숭이가 산출하는 세 종류의 경계음은 각각의 의미를 전달할 뿐이지 경계음들이 서로 결합되어 새로운 의미가 생성될 수 없다. 다시 말해, 다른 동물의 의사소통 단위들은 유한하고 의미가 고정되어 있는 것이다.

(3) 지시성 및 지향성

언어의 중요한 특질 중 하나는 언어가 무언가를 나타내는 상징이라는 점이다. 언어가 가지는 상징의 특징은 맥락이 없는 경우에도 지시하는 기능(reference, 지시성)을 갖는다(Hoff, 2017). 예를 들어, "어제 밥을 먹었어."라는 표현은 밥을 먹는 상황이 아닌 경우에도 의미를 전달한다. 반면에 영장류의 경계음에 지시성이 있는지는 분명치 않다. 영장류의 경계음에 지시하는 기능이 있다고 보는 사람들도 있지만 단순한 반사 반응으로 보는 것이 주된 해석이다. 크게 양보하여 영장류의 경계음에 지시하는 기능이 있다고 보더라도 이러한 기능은 전적으로 맥락 의존적이다. 예를 들어, 독수리가 나타나지 않은 상황에서 독수리 경계음이 출현하는 경우는 거의 없을 뿐 아니라 설사 출현한다 하더라도 이것이 전달하는 의미는 없다. 이런 측면에서 볼 때 인간 언어가 가지는 지시성은 동물의 의사소통에서는 찾아볼 수 없는 인간 고유의 특성임을 알 수 있다.

또한 인간은 언어를 사용할 때 무언가를 전달하려는 의도를 가진다. 이것이 인간 언어의 지향성(intentionality)이다(Hoff, 2017). 그러기에 사람들은 자신의 의도가 제대로 전달되지 않았을 때에는 주제를 환기시키거나, 다른 표현으로 전달하려는 등의 노력을 통해 자신의 의도가 성공적으로 전달될 때까지 시도한다. 하지만 동물의 의사소통에서는 이러한 특성을 찾아보기 어렵다. 버빗원숭이가 독수리가 보일 때 독수리 경계음을 산출하지만, 이 경계음에 다른 동료들을 피신시키려는 의도가 포함되어 있는지는 분명치 않다. 그저 경계음을 산출할 뿐이다. 이처럼 인간 언어가 지향성을 가진다는 점은 인간 언어가 다른 동물의 의사소통 체계와 구별되는 또 다른 특성이다.

2) 다른 종의 인간 언어 학습

인간 언어가 인간만이 가지는 고유한 능력이라면 인간이 아닌 다른 동물들은 인간 언어를 학습하는 것이 불가능해야만 한다. 1940년 대부터 다른 동물이 인간 언어를 배울 수 있는지를 알아보려는 시도가 있었다. 1940년대 헤이즈(Hayeses) 부부는 자기 집에서 '비키(Viki)'라는 침팬지를 양육하면서 영어 단어를 말하는 것을 가르쳤다(Hoff, 2017). 그 결과, 비키는 mama, papa, cup, up 등과 비슷한 몇 개의 소리를 낼 수 있었지만 영어 단어의 다양한 소리는 내지 못했다. 전반적으로 비키에게 영어를 음성으로 산출하도록 가르쳤던 시도는 실패로 돌아갔다. 하지만 이러한 실패가 침팬지가 인간 언어를 습득할 수 없다는 것을 의미하지 않을 수 있다는 의구심이 제기되었다. 왜냐하면 침팬지에게는 인간의 말소리를 산출할 수 있는 음성장치가 구비되지 않아서 이러한 시도가 실패했을 수도 있기 때문이다. 그리하여 다른 동물들이 인간 언어를 배울 수 있는지를 검증하기 위해 음성언어를 배제한 두 가지 방법이 사용되었다. 하나는 미국 수화(American Sign Language: ASL)를 가르치는 것이었고, 다른 하나는 플라스틱 상징을 이용한 인공언어를 가르치는 것이었다. 미국 수화는 문법과 어휘로 구성된 완전한 언어이다. 단, 어휘와 문법이 음성이 아닌 손의 형태나 움직임으로 전달된다. 1960년대에 네바다 대학에서 가드너 부부(Allen Gardner & Beatrice Gardner)는 와쇼(Washoe)라는 침팬지에게 미국 수화를 가르치는 프로젝트를 시작하였다. 와쇼는 4년 동안 132개의 신호를 산출할 수 있었고 또한 2개 이상의 신호를 조합하기도 하였다. 1979년에 컬럼비아 대학교의 테라스(Terrace) 교수는 님 침스키(Nim Chimsky)라는 침팬지에게 미국 수화를 가르쳤는데, 와쇼처럼 100개 이상의 신호를 학습하였고 또한 2~4개의 신호를 조합하기도 하였다. 하지만 이러한 침팬지의 수화습득은 아동의 언어습득과는 구별되는 차이점을 보여 주었다. 첫째, 아동의 어휘 습득에서는 어휘 폭발이 나타난다. 아동이 첫 단어를 산출하고 나서 6개월 정도가 지나면 사용하는 어휘가 급등하는 현상이 나타나는데 이것을 어휘 폭발이라고 한다. 다시 말해, 이 기간 동안 어휘가 점진적으로 증가하지 않고 급증한다는 것이다. 하지만 침팬지의 수화습득에서는 이러한 어휘 폭발이 나타나지 않았다. 둘째, 침팬지는 4개 정도의 신호를 조합하기도 하였지만 이러한 조합을 면밀히 살펴보면 같은 신호가 반복되는 경향이 많았다. 셋째, 침팬지의 수화는 자발적으로 산출된 것이라기보다는 수화를 가르치는 교사가 바로 직전에 했던 수화를 모방하는 경우가 많았다. 이러한 연구결과를 종합하여, 침팬지의 언어습득을 연구한 연구자들은 침팬지가 인간 언어를 습득할 수 없다는 결론에 도달하였다.

[그림 1-3] 인간 언어를 배운 최초의 침팬지로 불린 와쇼(1964~2007)

하지만 최근에 보노보에게 상징을 사용한 인공언어인 렉시그램 (lexigram)을 가르치려 시도한 연구에서는 조금 다른 결론의 가능성 이 제기되기도 하였다. 1981년에 새비지 럼보(Savage-Rumbaugh)와 동료들은 여키스 센터(Yerkes Center)에서 다 성장한 보노보인 마타 타(Matata)에게 렉시그램을 가르치려는 시도를 하였다. 하지만 이러 한 시도는 실패하였다. 마타타는 상징 언어를 학습할 수 없었던 것이 다. 하지만 마타타를 훈련시키는 동안에 흥미로운 일이 발생하였다. 마타타가 훈련을 받는 동안 출생한 지 얼마 되지 않은 보노보인 칸지 (Kanzi)가 그녀 곁에 있었다. 훈련의 대상이던 마타타는 이 훈련에 별 반 관심을 기울이지 않았다. 그러던 어느 날, 마타타가 잠시 나간 사 이 놀라운 일이 벌어졌다. 직접 훈련을 받은 적이 없었던 칸지가 렉 시그램을 사용하기 시작하였던 것이다. 이러한 칸지의 성취는 연구 자들을 놀라게 했고 칸지의 언어 능력에 대해 보다 집중적으로 연구 할 필요성을 대두시켰다. 그리하여 연구자들은 칸지에게 본격적으로 렉시그램을 가르치기 시작하였다. 그 결과, 칸지는 렉시그램의 상징을 이해하였고, 인간의 음성언어도 일부 이해할 수 있었다(Savage-Rumbaugh, McDonald, Sevcik, Hopkins, & Rupert, 1986). 음성언어로 특정 어휘(예: 딸기)에 대한 상징을 찾게 했을 때 칸지는 성공적인 수행을 보였다. 이러한 수행은 다양한 맥락에서 성공적이었다. 또한 칸지가 8살 되었을 때 칸지의 언어 능력을 2살 난 어린 영아의 언어 능력과 비교하였는데, 칸지의 언어 능력은 어린 영아의 언어 이해 못지않았다(Savage-Rumbaugh, Murphy, Sevcik, Brakke, Williams, Rumbaugh, & Bates, 1993). 새비지 럼보와 동료들은 이러한 결과를 토대로 보노보가 인간 언어를 습득할 수 있을 가능성을 제기하였다. 하지만 사이덴버그와 페티토(Seidenberg & Petitto, 1987)는 이러한 새비지와 럼보 등의 주장에 대해 회의적인 반응을 보였다. 새비지와 럼보 등은 칸지가 딸기와 같은 다양한 어휘와 상징을 연결한 것을 칸지가 어휘의 지시성을 이해한 것으로 보았지만, 사이덴버그와 페티토는 칸지의 행동에 대해 다른 해석을 하였다. 이들은 칸지가 딸기라는 상징을 사용한 것은 대부분의 경우가 딸기를 먹고 싶을 때였다는 점을 지적하며, 칸지가 배운 렉시그램은 상징을 이해하였다기보다는 목적을 성취하기 위한 수단이었다고 주장하였다. 또한 칸지의 언어 능력을 어린 영아의 언어 능력과 비교했을 때 초기 단계에서는 비슷한 정도의 능력을 보였지만, 언어습득이 진행될수록 칸지가 언어를 배우는 속도는 아동이 언어를 배우는 속도에 비해 훨씬 느리고 단조로웠다(Hoff, 2017). 이처럼 지금까지 여러 영장류들을 대상으로 인간 언어를 학습시키려는 다양한 연구들로부터 내릴 수 있는 결론은 다른 동물이 인간 언어를 배울 수 있는 능력은 매우 제한적이어서, 이들의 언어학습은 아동의 언어습득과 구별된다는 것이다. 결론적으로 이러한 연구결과들은 인간 언어가 인간만의 고유 능력이라는 것을 확인시켜 주었다고 볼 수 있다.

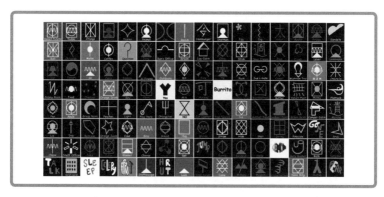

[그림 1-4] 렉시그램의 예

2. 인간 언어의 발생: 진화심리학적 접근

앞에서 언급했듯이 인간 언어가 인간 고유의 능력의 산물이라면 인간 언어는 어떻게 발생할 수 있었을까? 최근의 연구자들은 진화심리학이라는 새로운 틀 안에서 언어의 기원을 탐색하였다(Hauser, 1997; Pinker, 1994; Pinker & Bloom, 1990).

1) 언어본능

핑커(Pinker, 1994)는 인간의 언어습득을 거미 집짓기에 비유하였다. 거미가 집을 지을 수 있는 것은 그와 관련된 교육을 받거나, 거미 집짓기를 할 수 있는 적성이 있어서가 아니라, 집짓기를 하게 해 주는 생물학적 본능이 있어서이다. 이와 마찬가지로 인간이 언어를 습득하는 것은 언어를 습득하게 해 주는 생물학적 본능이 있기 때문이다. 사실, 언어가 본능에 의해 발달한다는 주장은 1871년 다윈(Darwin)에 의해 처음으로 제기되었다. 다윈은 언어 능력이 '기술을 습득하려는 본능적인 경향'이며, 이러한 본능은 새들이 본능으로 지저귀는 것을 배울 수 있는 것처럼 다른 종에서도 발견된다고 하였다. 하지만 인간의 언어본능은 새들이 노래하고 거미가 집을 짓는 본능과 구별된다. 왜냐하면 인간 언어에는 학습되어야 하는 부분이 있기 때문이다. 하지만 인간 언어는 단순히 학습이나 훈련의 결과로 갖게 되는 빵을 굽는 기술이나 글씨 쓰는 기술과도 구별된다. 빵을 굽거나 글씨 쓰는 기술에는 이를 배우고자 하는 본능적 경향이 없기 때문이다. 다시 말해, 글씨 쓰는 법은 아동이 학습해야 하는 기술이지만 본능에 의해서 이러한 학습이 일어나는 것은 아니다. 아동의 언어습득은 의사소통하고자 하는 본능에서 비롯된다. 핑커는 이러한 언어본능 덕분에 인간은 언어를 창조하게 되었다고 주장하였다.

2) 피진어와 크리올어

인류의 기원은 아프리카에서 발견된 300만 년 전의 화석인 '루시'를 통해 추정되곤 한다. 하지만 시간의 흐름에 따라 소멸되는 특성을 가진 언어의 기원을 이런 방식을 통해 찾는 것은 불가능하다. 최근 진화심리학적 접근을 취하는 연구자들은 언어의 기원을 유추해 볼 수 있는 몇 가지 사례들을 제시하였다(Pinker, 1994). 그것은 서로 다른 언어를 사용하는 사람들이 모여 있는 특별한 상황이었다. 역사 속에서 이런 상황에 처해 있는 사람들이 가끔 발견되었다. 서로의 언어를 모르는 사람들이 모여 살 때 의사소통하려는 본능이 발현되었다. 그리하여 사람들은 손짓이나 몸짓, 또는 다양한 발성을 이용하여 어떤 식으로든 의사소통을 하려 하였다. 이때 사람들은 특정 언어의 형태를 단순화하여 사용하였는데, 차용된 언어는 경제적으로 그리고 사회적으로 지배층에 있는 화자들이 사용하는 언어였다. 단순화되어 사용된 언어는 어순도 일정하지 않고 문법도 결여된 매우 원시적인 형태를 띠고 있었다. 이러한 언어를 피진(pidgin)이라 한다. 예를 들어, 20세기 초 하와이 사탕수수 농장에는 일본, 한국, 필리핀 등 다양한 나라로부터 노동자들이 유입되었다. 하와이 농장에서 일하게 된 이들은 모국어가 달랐기에 자신들의 모국어로는 서로 의사소통을 할 수 없었다. 또한 이들은 미국인 농장주가 지시하는 영어도 제대로 이해하지 못했다. 시간이 흐르면서 이들은 농장주가 사용하는 영어의 일부 단어를 차용하여 의사소통하기 시작하였다. 하지만 이들이 사용한 영어 단어들은 단순한 나열에 불과했기에 그것을 이해하기 위해서는 상황을 고려해야만 했다. 이들이 나열한 단어들은 언어가 갖추어야 할 기준을 충족시키지 못하는 아주 원시적인 형태를 띠고 있었다. 임시방편의 혼합어인 피진어를 만들었던 것이다. 문장 ①은 하와이 사탕수수 농장에서 일했던 일본인 노동자가 사용했던 피진어의 예이다(Pinker, 1994).

> ① "Me capé buy, me check make

①과 같은 피진어는 상황에 따라 해석이 달라진다. 만약 농장 주인이 커피를 사러 온 사람에게 하는 말이라면 "그가 내 커피를 샀고, 내게 수표를 끊어 주었다."라고 해석된다. 반면에 커피를 사러 간 고객의 입장이라면, "내가 커피를 샀고, 수표를 끊어 주었다."라고 해석된다. 이처럼 피진어는 일관된 어순이나 복잡한 구조를 가지지 못하고 단순한 단어 나열에 불과하기에 의미를 파악하기 위해서는 발화된 맥락이 중요했고 그 맥락에 따라 의미가 달라졌다.

하지만 그다음 세대 자녀들의 의사소통에서 흥미로운 현상이 발견되었다. 언어라 할 수 없는 피진어를 듣고 자란 자녀들은 자기들의 부모처럼 단어를 단순히 나열하는 데 그치지 않고 보다 언어다운 구조를 갖추어 의사소통을 하기 시작했던 것이다. 즉, 이들은 단순한 형태이지만 문법을 갖춘 새로운 언어를 만들어 사용하기 시작했다(Bickerton, 1990). 문장 ②는 하와이 마우이섬에서 태어난 일본인 2세가 발화한 언어의 예이다(Pinker, 1994).

---

② Da firs japani came ran away from japan come
(The first Japanese who arrived ran away from Japan to here.)

---

②는 ①과는 달리 어순이 비교적 고정되어 있고 문법적 표지도 일부 갖추어져 있음을 볼 수 있다. 이러한 언어는 맥락이 달라져도 전달하는 내용이 일관적이다. 이처럼 2세대 아동들은 윗세대 사람들의 언어를 단순히 반복 학습하지 않고, 뭔가 새로운 장치를 첨가하였던 것이다. 피진어가 보다 문법적인 틀을 갖추도록 변화되어 생겨난 언어가 크리올(Creole)어이다. 이처럼 피진어에서 크리올어로의 전환(크리올화)은 인류의 언어 발생에 대한 중요한 시사점을 준다. 언어다움을 갖춘 언어는 인간의 창의성 덕분으로 갖게 된 결과물이었던 것이다 (Pinker, 1994).

보다 최근에 이와 비슷한 현상이 수화에서도 발견되었다(Senghas & Coppola, 2001). 수화는 청각장애자들이 사용하는 언어로서 음성언어에서 발견되는 문법적 장치를 갖춘 완전한 언어이다. 1979년에 산디니스타 정권이 니카라과를 집권하기 전까지 니카라과에는 청각장애인을 위한 공공 교육시설이 없었다. 1979년에 산디니스타 정권이 집권하면서 처음으로 청각장애인들을 위한 공립학교가 설립되었다. 이 학교가 설립되자 각자 집에서 만든 가정 신호(home sign)로 의사소통을 하던 아동들이 이 학교에서 교육을 받게 되었다. 이 학생들은 학교에서 각자의 가정 신호 대신 독순법(lip reading)을 배우기 시작하였다. 하지만 이러한 교육은 그다지 성공적이지 못했다. 이 아이들은 서로 의사소통을 할 때 학교에서 배운 독순법 대신 자기들이 만들어 낸 신호체계를 사용하였다. 이 신호체계는 각자 자기 집에서 가족과 사용했던 가정 신호를 모아서 만든 임시방편의 몸짓이었다. 이 신호체계에는 수화가 갖추고 있는 문법적 특징이 결여되어 있었다. 이 신호체계도 하나의 피진어로 볼 수 있다. 그러나 이 신호체계가 사용된 후에 이 학교에 들어 온 학생들에게서 흥미로운 일이 일어났다. 이 학생들은 첫 번째 세대의 학생들의 피진수화를 보다 나은 문법적 장치를 갖춘 체계로 발전시켜서 의사소통하였던 것이다. 앞의 예에서처럼 크리올화된 것이다. 이처럼 언어에서 크리올화는 복잡한 문법 체계를 갖춘 언어가 이전 세대로부터 단순히 전달된 것이 아니라 아동에 의해 창의적으로 생산된 결과임을 보여 준다(Senghas & Coppola, 2001).

진화심리학자들은 이러한 현상에서 인간 언어의 발생을 추론하였다. 인류가 처음 출현하였을 때 이들은 손짓이나 몸짓, 또는 단순한 발성으로 의사소통을 시작하였을지도 모른다. 이와 같은 단순한 발성의 연쇄가 세대를 지나면서 보다 복잡한 구조를 가진 언어로 발전되었을 것으로 추론한다. 이러한 언어의 발생은 인간의 대뇌 어딘가에 자리 잡고 있을 생물학적 능력에 의해서 진행되었을 것으로 추정한다(Bickerton, 1984; Pinker, 1994). 비커턴(Bickerton, 1984)은 이 생물학적 프로그램 덕분에 인간만이 언어를 만들어 사용했을 것이고, 이 프로그램이 인간 언어에게 종 특정적 특성을 부여했을 것이라고 주장하였다.

3) 성도의 진화

언어가 진화적 산물이라는 주장은 말소리를 산출하는 성도의 진화에서 그 증거를 찾아볼 수 있다(Lieberman, 1984). 인간의 말소리는 폐에서 올라온 공기가 후두(larynx)를 지나 후두 위에 있는 성대(후두위성도, supralaryngeal vocal tract) 사이를 통과하면서 산출된다. 그런데 인간 후두의 위치를 다른 동물과 비교해 보면, 다른 동물에 비해 낮게 자리 잡고 있는 것을 볼 수 있다([그림 1-5] 참조). 이처럼 후두가 내려앉음으로써 인간은 다양한 말소리를 낼 수 있는 공간을 확보할 수 있게 되었고, 그 결과 다른 동물이 만들 수 없는 여러 종류의 모음을 생성할 수 있게 되었다. 하지만 진화적으로 후두가 내려앉은 것은 이러한 장점과 더불어 치명적인 단점도 가져다주었다. 후두가 내려앉음으로써 입으로 들어온 음식물이 기도로 내려가서 질식해 죽을 위험이

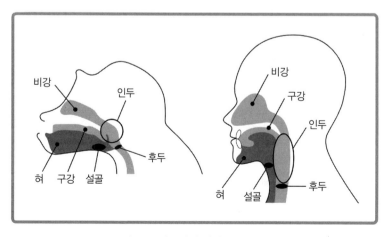

[그림 1-5] 침팬지와 인간의 후두 위치

커졌던 것이다. 리버먼(Lieberman, 1984)은 후두가 내려앉아서 다양한
말소리를 낼 수 있게 된 것은 생명의 위험을 뛰어넘는 생존 가치를 주
었을 것으로 추정하였다. 또한 언어를 가졌던 크로마뇽인들은 생존
하였으나, 그들과 같은 시대에 살았지만 언어를 가지지 않았던 네안
데르탈인이 멸종한 것도 언어의 진화적 가치를 보여 준다하겠다.

4) 언어 진화와 자연선택

성도의 진화는 인간이 언어를 갖게 되는 충분조건이 되지 못한다.
인간의 모든 정신활동이 대뇌에서 출발하듯이 언어 역시 대뇌 활동
의 결과이다. 언어의 발생은 대뇌의 진화와 불가분의 관계에 있다. 언
어 연구의 새 이정표를 연 촘스키(Chomsky, 1957, 1965, 1986)는 인간
언어가 대뇌에 자리 잡고 있는 선천적인 언어 기관(language organ)의
산물이라고 주장하였다. 촘스키는 이러한 생물학적 언어 기관이 어
떻게 형성될 수 있었는가에 대해 구체적인 설명은 하지 않았다. 하지
만 핑커 등의 진화심리학자들이 언어의 기원을 다윈 진화론의 중심
개념인 자연선택(natural selection)으로 설명하려는 시도에는 반대 입
장을 제기하였다. 그는 대뇌에 대한 현재의 신경생리학적 지식이 언
어가 어떻게 진화되었는지를 이해하기에는 아직 부족하기에, 진화
이론은 언어의 진화에 대해 아무런 정보를 주지 못하고, 특히 자연선
택으로는 언어 능력(language faculty)을 설명할 수 없다고 주장하였
다(Hauser, 1997). 대표적인 진화 이론가인 굴드(Gould, 1979)도 촘스

키와 유사한 주장을 피력하였다. 인간의 언어는 대뇌가 커지면서, 더 많은 피질 표면이 생기고, 또한 대뇌 반구가 편재화(localization)되면서 부수적으로 진화된 일종의 부산물(spandrel)이라는 것이다(Gould, 1979). 또한 굴드는 인간의 마음이 일반적인 목적을 가지고 형성되었기에, 언어가 언어만의 특정한 목적(즉, 의사소통)을 위해 진화되었다고 보기 어렵다고 주장하였다.

하지만 핑커를 비롯한 일부 언어심리학자들은 인간이 언어로 의사소통하고자 하는 본능을 갖고 있고, 인간 언어의 근원을 설명할 수 있는 유일한 과학적 설명은 자연선택(natural selection)이라고 주장하였다(Hauser, 1997; Pinker, 1994; Pinker & Bloom, 1990). 지구상에는 수많은 종들이 있다. 각 종들마다 그들의 특징을 나타내 주는 특정 형질들이 있다. 이러한 특정 형질은 특별한 기능을 충족하기 위해 설계된 것처럼 보인다. 핑커와 블룸(Pinker & Bloom, 1990)은 이러한 특정 형질이 어떻게 진화되었는지를 설명해 주는 유일한 방법이 자연선택이라고 주장한다. 이들은 척추동물 눈의 진화를 예로 든다. 척추동물의 눈은 빛을 굴절시키는 투명한 막, 초점을 맞춰 주는 수정체, 빛에 민감한 신경 조직 층, 조도에 따라 직경이 변화하는 홍채, 다른 쪽 눈과의 수렴을 위해 움직이는 근육, 그리고 모서리, 색깔, 움직임 등에 반응하는 신경회로 등 매우 복잡한 구조로 되어 있다. 하지만 눈이 처음부터 이렇게 복잡한 구조를 가지고 있었다고 생각하기는 어렵다. 이러한 복잡한 눈의 구조는 처음에는 매우 단순한 유기체(눈이 없는 유기체)에서 빛에 민감한 조그만 피부 세포로 시작되었을지도 모른다. 그

유기체에는 빛에 유난히 민감한 조그만 피부 세포가 있는 부위가 있었는데, 그 부위가 점차 웅덩이처럼 움푹해지다가, 동그랗게 구멍이 나고, 그 구멍을 덮는 반투명의 덮개가 생기고, 그러면서 눈은 물체를 조금씩 더 잘 감지하게 되었을지도 모른다. 이와 같이 아주 단순한 조직으로 시작된 눈은 '본다'는 기능에 보다 더 적합하도록 지금과 같은 복잡한 구조로 진화되었을 것이다. 이처럼 눈이 '본다'는 목적하에 설계되었다는 것을 가정하지 않는다면 왜 이렇게 정교한 구조를 가질 수 있었는지를 설명하기 어려워서, 이러한 눈 구조의 진화는 자연선택으로만 설명이 가능하다는 것이 이들의 주장이다.

이들은 이러한 논리를 인간의 언어에도 적용한다. 인간의 언어는 음운론(phonology), 형태론(morphology), 통사론(syntax), 심성어휘집(mental lexicon) 등 매우 복잡한 구조로 구성되어 있다. 이렇게 복잡한 언어 구조는 인간이 의사소통을 하고자 하는 목적을 충족하기 위해 단순한 단어의 배열에서 진화되었을 가능성이 있다. 복잡한 구조를 가진 언어는 의사소통에서의 효율성을 극대화할 수 있었을 것이고 이런 의사소통 능력은 인간에게 커다란 경쟁력을 갖게 해 주었을 것이다. 핑커 등은 언어 구조의 진화 역시 눈 구조의 진화처럼 자연선택이 아니고는 설명할 방법이 없다고 주장한다.

5) 언어발생과 언어습득

진화심리학적 접근을 취하는 연구자들은 이러한 언어 창조 능력이 언어습득에 내재된 능력과 공유된다고 주장한다. 비커턴(1984)에 따르면 아동은 인간 언어의 핵심인 통사론을 습득할 수 있는 생물학적 프로그램을 가지고 태어나는데, 이 프로그램이 작동하면서 아동은 언어를 습득하게 된다. 즉, 아동에게 입력되는 모국어의 언어자극은 이 생물학적 프로그램을 수정하고 첨가하면서 언어습득으로 나타나게 된다는 것이다. 비커턴은 크리올어를 분석했을 때 이 언어에서 아동 언어와의 유사점을 찾아볼 수 있다고 주장하였다. 그는 이 같은 사실이 언어습득을 이끄는 생물학적 능력이 언어발생을 일으킨 창의적 능력과 공유된다는 주장을 지지해 준다고 제안하였다. 이러한 주장은 언어 창조나 언어습득이나 모두 인간의 본성에서 비롯된다는 점을 강조해 준다. 이러한 특성 역시 인간 언어의 종 특정적 특성을 보여 준다 할 것이다.

3. 인간 언어의 구조

앞에서 살펴보았듯이 언어는 인간이 가지고 있는 생물학적 능력을 기반으로 발현된 것으로 다른 동물의 의사소통 체계에서는 찾아볼 수 없는 몇 개의 하위 구조로 조직되어 있다. 언어는 소리의 구조를 다루는 음운론을 가장 하위 구조로 시작하여, 단어의 조직을 담당하는 형태론, 단어가 모여서 이룬 구(phrase), 절(clause), 그리고 문장의 구조를 관장하는 통사론, 언어의 사용에 관여하는 화용론(pragmatics)으로 조직화할 수 있다.

1) 음운론

언어를 분석할 때 가장 기본이 되는 최소 단위는 말소리(speech)이
다. 말소리는 폐로부터 밀어 올린 공기를 성대, 치아 또는 입술에서
차단시켰다가 토해 낼 때 산출된다. 말하고 있지 않을 때에는 공기가
코와 입을 통해 자유롭게 움직이고 있지만 말소리를 생성하기 위해서
는 공기의 흐름을 차단시켜야 하는데 이때 밀려 나오는 공기의 흐름
이 달라지면서 음성적으로 여러 다른 소리가 만들어진다. 이와 같은
구별되는 말소리를 표상하는 것이 음소이다. 음소는 더 잘게 분석할
수 없는 소리의 최소 단위로 /p/, /b/, /t/, /d/, /g/, /k/와 같은 것들이
다. 이러한 음소의 결합을 지배하는 규칙이 음운론이다. 인간 언어에
서 사용되는 음소는 대략 200여 개 정도인데 모든 언어가 동일한 음
소를 사용하지 않는다. 일부 음소는 언어 보편적으로 사용되지만 일
부 음소는 특정 언어에서만 사용된다. 예를 들어, /b/, /m/, /p/, /n/,
/d/, /t/와 같은 음소는 대부분의 언어에서 사용되지만, 어떤 언어에
서 사용되는 음소가 다른 언어에서는 쓰이지 않는 경우도 있다. 예
를 들어, 우리말에서는 /ㅂ/, /ㅃ/, /ㅍ/에 해당되는 음소를 구별하지
만 영어에는 된소리 /ㅃ/에 해당되는 음소가 없다. 또한 영어에서는
/θ/나 /ð/와 같은 음소를 사용하지만 우리말에는 이에 해당되는 음소
가 없다. 그리하여 대부분의 사람들은 자기 모국어에 없는 말소리 산

출을 어려워한다. 예를 들어, 영어의 'thank you'는 우리가 많이 사용하는 단어이지만 이 단어를 정확하게 발음하기는 어렵다. 왜냐하면 이 단어를 구성하는 음소 중 하나인 /θ/가 우리말에 없기 때문이다.

　음소가 결합되어 음절을 이루는데, 음절은 소리를 낼 수 있는 기본 단위이다. 음절의 구조는 위계적인데, 이 구조는 언어마다 다르다. 우리말은 21개의 자음(consonant, C)과 10개의 모음(vowel, V)으로 구성되어 있는데, 첫 자음(초성)과 모음(중성)이 모여 음절체(body)를 구성하고, 말미에 또 다른 자음(종성)이 추가될 수 있다. 그리하여 한국어의 음절은 음절체(CV)와 말미자음(C)이 분리되는 형태(CV/C)를 갖게 된다. 또한 첫 번째 자음과 마지막 자음은 생략될 수 있지만 모음 없이 음절이 구성될 수 없다. 다시 말해, 한국어에서는 자음이 연이어 나타날 수 없다. 자음 다음에는 반드시 모음이 따라와야만 하는 것이다. 한국어가 음절체에 말미자음이 추가된 구조라는 것은 성인과 아동 모두에게서 검증되었다(이광오, 1998; Lee & Yi, 1999). 이 연구들은 [C+V+C]로 구성된 음절을 들려주고 세 음소 중 하나를 다른 음소로 대체하도록 하였다. 그 결과, 성인들은 종성을 초성이나 중성보다 더 빨리 대체하였다(이광오, 1998). 글자를 막 읽고 쓰기 시작한 아동들의 경우에도 초성을 대체하게 하였을 때(예: '맨'을 '캔'으로)보다 종성을 대체하게 했을 때(예: '맨'을 '맥'으로) 더 정확하게 대체하였다(Lee & Yi, 1999). 이러한 결과는 한국어의 음절 구조가 CV/C의 음절체 구조임을 지지해 준다. 반면, 영어의 음절 구조는 초두 자음(onset)과 각운(rhyme, V+C)으로 구성되어 첫 자음이 분리되는 형태(C/VC)를 갖는다. 또한 영어에서는 자음이 연이어 나타나는 구조를 허용한다(예: CCCVCCCC; strengths). 이러한 구조적 특성 덕분에 영어에서는 자음 (C)인 음소가 쉽게 분리되는 반면에, 우리말에서는 자음인 음소의 분리가 어렵다. 영어의 경우에는 많은 연구가 영어 음절이 C/VC의 각운 구조로 구성되어 있음을 밝히고 있다(Fowler, Treiman, & Gross, 1993; Treiman, 1986).

2) 형태론

형태소(morpheme)는 소리의 최소 단위인 음소들이 서로 결합되어 만들어진 것으로 의미나 문법적 기능을 전달하는 최소 단위이다. 이러한 형태소들의 결합을 다루는 것이 형태론이다. 형태소에는 혼자 독립적으로 쓰일 수 있는 자립형태소(free morpheme)와 자립형태소에 결합되어야만 쓰일 수 있는 의존형태소(bound morpheme)가 있다. '동생'과 같은 단어는 독립적으로 쓰일 수 있기에 자립형태소로 분류된다. 반면에 단어 초두에 덧붙이는 접두어나 단어 말미에 붙이는 접미어는 단독으로 쓰이지 못하고 자립형태소에 결합되어야만 사용될 수 있다. 예를 들어, '새하얗다'에서 '새'는 단독으로는 쓰일 수 없지만 '하얗다'는 자립형태소에 붙어서 '하얗다'라는 의미를 강하게 해 주는 역할을 한다. 따라서 '새하얗다'는 2개의 형태소로 구성된 단어이다. 또는 '읽다'라는 동사 어근 '읽-'에 '-기'라는 명사를 나타내는 접미어를 결합시켜 '읽기'라는 단어를 만들 수 있다. 여기에서 접미어 '-기'는 품사를 명사로 바꾸어 주는 기능이 있기 때문에 하나의 형태소로 분류되지만 혼자 독립적으로 쓰일 수는 없다. 따라서 '읽기'라는 단어에는 '읽-'이라는 동사의 어근과 '-기'라는 명사를 나타내는 접미어 2개의 형태소가 있다. 또 다른 의존형태소는 시제를 표현해 주기도 한다. '먹다'라는 동사의 과거형은 '었'이라는 형태소를 삽입하여 '먹었다'이다. 이 단어 역시 2개의 형태소로 구성되어 있다.

3) 통사론

단어는 서로 결합하여 구나 문장을 형성하는데, 이러한 결합을 결정하는 규칙을 관장하는 것이 통사론이다. 우리는 이러한 통사론적 지식을 갖고 있기에 무한한 수의 새로운 문장을 생성해 낼 수 있고 그 문장이 문법적인지 아닌지를 판단할 수 있다. 모든 언어는 통사 규칙을 가지고 있지만 통사 규칙은 언어마다 다르다. 예를 들어, "영희는 꽃을 좋아한다."라는 표현은 한국어에 적합한 문법적인 순서이다. 하지만 영어를 말할 때 "Mary flowers likes."라고 표현한다면 이것은 영어의 문법에 어긋난다. 이러한 차이는 어순에 있다. 한국어는 주어(S)-목적어(O)-동사(V)를 기본 어순으로 삼고 있는 데 반해서 영어는 주어(S)-동사(V)-목적어(O)를 기본 어순으로 삼고 있다. 이처럼 어순은 언어마다 다를 수 있지만 언어라고 한다면 어떤 언어이든지 특정 순서를 따라야 한다. 다시 말해 어순이라는 통사적 규칙을 갖고 있다. 더 나아가, 어순에 따라 또 다른 특징이 수반되는데, 어순이 SOV(예:

한국어의 어순)이면 그 언어는 일반적으로 후치사(예: 한국어의 조사)를 사용하고 관계절 또는 종속절이 왼쪽에 첨가된다. 반면에 어순이 SVO인 언어(예: 영어)는 후치사 대신 전치사를 사용하고 관계절 또는 종속절이 오른쪽에 놓인다. 그리하여 한국어에서는 "[우리 엄마가 만든] 케이크를 먹자."라고 말하지만 영어에서는 "'Let's eat the cake [what my mother baked]."라고 말한다. 이 밖에도 통사론에서 관여하는 규칙은 매우 많다. 각 언어마다 그 언어의 통사 규칙에 따라 의문문, 부정문, 복문 등 다양한 문장을 만들 수 있다.

4) 화용론

언어는 사회적 상황에서 의사소통을 위해 사용된다. 화용론은 이러한 언어 사용에 관여한다. 언어 사용에 관련된 규칙은 주제, 의사소통 방식, 사회적 상황에 따라 달라진다. 집안에서 더울 때 가족에게 "창문을 열어 줘."라고 말할 수 있지만 기차 안에서 옆에 앉아 있는 생면부지의 사람에게 이렇게 말하는 것은 커다란 실례이다. 그리하여 상황에 맞도록 언어적 표현을 하는 것은 중요하다. 화용론에서는 적절하게 대화하는 능력을 중요시한다. 보다 효과적인 대화를 하기 위해서는 어떤 것들이 필요할까? 그라이스(Grice, 1989)는 성공적인 대화를 위한 네 가지 규칙을 제안하였다. 첫째, 대화에서 제공되는 정보의 양이 적절해야 한다. 예를 들어, 무엇을 마시고 싶은지를 물어보았을 때, "커피 주세요."라고 하면 된다. 어떤 사람이 "커피콩 1그램을 갈아서 물을 10리터를 넣고 둥근 컵에 넣어서 탁자 위에 놓아 주세요."라고 한다면 이상한 사람으로 생각될 것이다. 둘째, 제공되는 정보의 질이다. 말을 할 때에는 사실을 전달하려고 해야 한다. 거짓말을 해서는 안 된다. 셋째, 말하는 내용이 적절해야 한다. "점심 때 뭐 먹고 싶어?"라고 물을 때 "난 고양이가 좋아."라고 한다면 이것은 적절하지 않다. 마지막으로 말하는 방식이다. 대화를 할 때는 동일한 주제에 대해 적절하게 말을 주고받아야 하고 말하는 내용이 논리적이어야 한다. "잠옷을 입고 목욕을 했어."라는 말은 논리적으로 적절치 않다. 목욕을 한 후 잠옷을 입는 것이 통상적이기 때문이다. 이처럼 사회적 상황에 적절하게 그리고 보다 정확한 의사전달을 위한 언어 사용 규칙을 다루는 것이 화용론이다.

4. 언어적 보편성

인간 언어에서 발견되는 놀라운 특성 중 하나는 언어적 보편성이다. 이 세상에는 무수히 많은 언어들이 있다. 놀라운 것은 각기 다른 문법 구조를 갖고 있는 전 세계의 언어들 속에서 많은 공통적인 특성을 발견할 수 있다는 점이다. 이러한 공통적인 특성을 언어적 보편성(linguistic universal)이라 한다. 그린버그(Greenberg, 1963)는 이탈리아어, 터키어, 힌디어, 일본어, 말레이어 등 30종의 언어들을 조사하면서 그 언어들 속에서 언어적 보편성을 찾아보고자 하였다. 그 결과,

단어와 형태소 순서에 대한 연구에서 44개나 되는 보편성을 찾아냈다. 예를 들어, 그린버그는 전 세계 언어가 VSO, SVO, SOV 등 세 종류의 어순으로 구별되는 것을 발견하였다. 이 중에서 VSO 순서인 언어는 드물고 대부분의 언어들은 SVO나 SOV의 어순을 갖는다. 촘스키는 언어적 보편성에 대한 생각을 보다 정교한 이론으로 발전시켰다. 촘스키 (1981, 1986)는 인간이 언어를 습득할 수 있는 것은 보편문법(universal grammar)이라 부르는 생물학적 기제 때문에 가능하다고 가정하고, 전 세계적으로 언어 구조의 기저에는 이 생물학적 기제의 작동 결과로 나타나는 상징 조작 체계가 공통적으로 존재할 것으로 생각하였다.

요약

　이 장에서는 언어의 종 특정적 특성을 살펴보았다. 인간 언어는 다른 동물의 의사소통 체계에서는 찾아볼 수 없는 고유한 특성을 갖고 있다. 첫째, 인간 언어는 위계적 구조로 구성되어 있다. 둘째, 인간 언어에는 생산성이 있다. 셋째, 인간 언어는 지시성과 지향성을 갖고 있다. 인간 언어가 인간만이 가지고 있는 특별한 능력이라는 주장은 다른 종의 인간 언어 학습을 통해 재확인되었다. 초기에 침팬지에게 음성언어를 가르치려는 시도는 완전히 실패하였고, 수화나 인공언어를 가르치려는 시도도 부분적으로 성공하기는 했지만 영장류의 언어 학습은 아동의 언어습득과는 질적으로 달랐다. 이러한 결과들은 인간 언어가 인간만이 가지는 고유한 능력이라는 주장에 힘을 실어준다.
　인간에게만 존재하는 고유한 능력인 언어는 어떻게 출현하였을까? 최근에 진화심리학이라는 새로운 틀 안에서 언어의 기원을 탐색하려는 시도가 있었다. 이 입장에서는 인간은 의사소통하려는 본능을 가지고 있고 이러한 본능을 충족시키기 위한 진화과정에서 언어가 출현하였다고 주장한다. 피진어에서 크리올어로 진화하는 과정에서 언어의 발생을 유추해 볼 수 있는데, 과거의 역사적인 상황뿐만 아니라 최근에 니카라과 수화에서도 이러한 변화를 찾아볼 수 있다. 인간 언어는 의사소통이라는 목적을 보다 충실히 달성하기 위해 여러 하위구조로 구성되도록 진화되었는데, 소리의 구조를 다루는 음운론, 단어의 조직을 담당하는 형태론, 단어가 모여서 이룬 문장의 구조를 관장하는 통사론, 언어의 사용에 관여하는 화용론이 그것들이다.

INTRODUCTION
TO
PSYCHOLOGY

02 _

언어발달의 생물학적 기초

언어는 생물학적 능력이다. 이 장에서는 이러한 주장을 두 가지 증거를 통해 살펴보고자 한다. 첫째, 언어발달에는 결정적 시기가 있다는 사실이다. 결정적 시기는 출생 후 일정 기간 동안 언어를 접하지 못했던 야생 아동들의 언어발달, 늦은 수화 습득, 제2언어습득에서 살펴볼 것이다. 둘째, 언어발달에 대한 생물학적 기초는 대뇌의 신경심리학적 연구에서 그 증거를 찾아볼 수 있다. 신경과학에서의 발견은 언어가 좌반구에 편재화되어 있음을 보여 준다.

> 1년 7개월 경우: 무ㅡㅡ (물이라는 의미)
>   뛰ㅡㅡ (자동차라는 의미)
> 2년 2개월 경우: 할미 지하처 타(할머니 지하철 타자는 의미)
>   아빠 차 또까(아빠 차 똑같애라는 의미)
> 2년 8개월 경우: 던져 안돼(던지면 안돼라는 의미)
>   아찌 와(아찌가 왔다는 의미)
> 4년 0개월 엄마: 경우야, 비는 어떻게 해서 오는 거지?
>   경우: (손으로 동그라미를 그리며) 구름이 이렇게 뚱뚱해졌는데, 누
>   가 폭 찔러서, 뻥 터져서, 물이 줄줄 내리는 거야.

앞의 예는 한 아동의 언어발달과정에서 발췌한 표현들이다. 1년 7개월경에는 하나의 단어만을 발화하던 아동이 7개월 후에는 3개의 단어를 결합하는 표현을 하였다. 하지만 이 표현에는 기능어가 생략된 채로 내용어만이 나열되어 있다. 2년 8개월경에도 여전히 동사의 활용은 완전하지 못했다. 그러던 이 아동의 4세 때의 발화를 보면 경이로울 정도의 발달이 일어났음을 알 수 있다. 과거형을 표현하는 동사의 활용뿐만 아니라 다양한 어미를 사용하고 여러 개의 문장을 연결하여 성인들의 표현에 버금갈 정도의 괄목할 만한 발전을 보여 준다. 아동은 어떻게 이처럼 짧은 기간 동안 언어습득을 완성시킬 수 있는 것일까? 어린 아동들의 학습 능력을 고려해 볼 때 초기 4년 동안 빠르게 진행되는 언어발달을 일반적인 학습만으로 설명하기는 어렵다. 대안으로 생각해 볼 수 있는 것은 이처럼 빠르게 진행되는 언어발달을 담당하는 생물학적 능력이 있을 것이라는 가정이다. 촘스키 이래 많은 연구자들은 아동의 언어발달이 생득적인 생물학적 능력을 기

반으로 진행되고, 이러한 생물학적 능력은 대뇌 활동을 탐구함으로써 접근할 수 있다고 제안하고 있다(Huttenlocher, 1994; Lenneberg, 1987; Pinker, 1994). 이 장에서는 언어발달의 생물학적 기초에 대한 증거로 간주되는 언어발달에서의 결정적 시기(critical period)를 먼저 살펴본 후 언어발달에 대한 신경학적인 증거를 살펴볼 것이다.

1. 언어발달의 결정적 시기

언어발달에 결정적 시기가 있다는 사실은 많이 알려져 있다. 결정적 시기는 동물의 종들이 생물학적으로 결정된 행동을 생득적으로 가지고 있다고 가정하는 동물행동학의 주장에 근원을 둔다. 가장 잘 알려진 예는 조류의 각인(imprinting) 현상이다. 갓 부화된 병아리나 새끼 오리는 부화될 때 처음 본 대상을 따라다니는데 이를 각인 현상이라고 한다. 보통의 경우에는 부화되면서 보는 대상이 어미 닭이나 오리이기에 그들의 어미를 따라다닌다. 하지만 그들이 부화될 때 사람을 보게 된다면 그 사람을 따라다니게 된다. 이것은 심리학개론이나 발달심리학에서 많이 소개된 흥미로운 현상이다([그림 2-1] 참조). 이때 각인을 일으키는 시간은 매우 제한적이다. 이 시간 동안 경험을 하지 않으면 각인의 창이 닫히게 된다. 이러한 각인 현상과 유사하게 언어발달에서도 언어 경험이 작동하는 시간이 제한되어 있다는 주장이 제기되었다(Lenneberg, 1967). 다시 말해, 언어발달에서도 특별히 중요한 시기가 있는데, 이 시기에 언어 경험을 하지 않으면 언어를 배우기 어렵다는 것이다. 이것이 언어발달의 결정적 시기의 가설이다. 조류의 각인과 다른 점은 조류의 각인을 유발하기 위해 열려 있는 시간의 창이 매우 짧은 반면에 인간의 언어발달을 위해 열려 있는 시간은 상대적으로 길다는 점이다.

[그림 2-1] 조류의 각인

언어발달에서의 결정적 시기는 우리의 신체가 성숙 요인에 의해 발달되듯이 언어발달도 생물학적 성숙에 의해 진행된다는 것을 시사해 준다. 결정적 시기가 있는지를 검증하는 한 가지 방법은 아동을 출생 직후부터 일정 기간 동안 언어에 노출되지 않게 한 후에 언어가 발달하는지를 살펴보는 것이다. 하지만 이러한 시도는 비윤리적이기에 실행에 옮기는 것이 불가능하다. 그리하여 연구자들은 대안적인 방법으로, 특별한 이유로 어린 시절에 언어에 노출되지 못한 채 방치되어 자란 야생 아동들의 언어발달을 살펴보았다. 이러한 야생 아동들의 사례를 통해 언어발달에서 특정 시기가 중요하다는 것을 알 수 있었다. 또한 수화나 제2언어를 습득하는 아동들을 통해서도 언어발달의 결정적 시기를 재확인할 수 있었다.

1) 야생 아동들

생의 초기에 언어에 노출되지 않았던 야생 아동들의 사례는 언어발달에서 결정적 시기가 있음을 보여 주었다. 그 대표적인 예는 1798년 프랑스의 아베롱(Aveyron) 숲에서 발견된 빅터(Victor)이다. 빅터는 발견되었을 때 12살쯤 되어 보였는데 벌거벗고 있었고, 동물처럼 네발로 달렸고, 나무뿌리, 도토리, 채소 등을 날것으로 먹었다. 또한 이 아이는 동물처럼 소리는 낼 수 있었지만 언어 같은 말은 하지 못했다. 이타르(Itard)라는 젊은 박사는 이 야생 소년에게 사회적으로 적절한 행동이나 언어를 교육하기 위한 프로그램을 개발하여 실시하였다. 그 결과, 이 소년은 사회적으로 필요한 행동은 성공적으로 배울 수 있었지만 언어는 그렇지 못했다. 불과 몇 개의 단어만을 배웠을 뿐이었다. 이와 비슷한 사례로 가장 최근에 발견된 사례는 13살까지 타인의 접촉이 금지된 채로 자란 지니(Genie)이다. 지니는 1970년에 미국에서 발견되었는데, 발견된 즉시 학계로부터 커다란 주목을 받았다. 수잔 커티스(Susan Curtiss)라는 언어발달 연구자는 지니를 위한 특별한 언어교육 프로그램을 개발하여 언어교육을 실시하였다. 지니는 빅터보다는 성공적으로 언어를 배웠지만 지니 역시 결코 정상 수준의

언어를 습득하지 못했다. 지니는 색깔, 형태, 대상물, 자연 범주를 지
칭하는 어휘를 습득할 수 있었지만 통사나 형태소와 관련된 규칙은
충분히 발달시키지 못했다. 이러한 사례들은 생의 초기에 언어에 노
출되지 않으면 정상적인 언어발달이 어렵다는 것을 보여 주며 언어발
달에 결정적 시기가 있음을 시사해 준다(Curtiss, 1977).

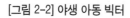

[그림 2-2] 야생 아동 빅터

[그림 2-3] 야생 아동 지니

2) 늦은 미국 수화 습득

정상적인 청력을 가진 부모에게서 태어난 청각장애 아동의 수화발
달에서도 야생 아동의 언어발달에서 나타난 현상과 비슷한 점을 발견
할 수 있었다. 청각장애 아동들은 청력 손상으로 음성언어를 들을 수
없다. 하지만 정상인 부모들은 수화를 알지 못했기 때문에 이 아동들
은 어릴 때 수화에 노출될 수 없었다. 이들은 일정 시간이 지나 청각
장애 아동을 위한 교육기관에 가거나, 어려서부터 수화를 배워 온 다

른 청각장애 아동들과 만나면서 수화를 배우기 시작하였다. 언어발달에서의 결정적 시기를 놓칠 가능성이 있었던 것이다. 이처럼 결정적 시기를 지나서 수화에 노출된 청각장애 아동들의 수화발달과 영아기부터 수화에 노출되어 자란 청각장애 아동들의 수화발달을 비교했을 때 야생 아동들의 언어발달에서 나타난 결과와 유사한 점을 찾아볼 수 있었다. 아동기 후에 수화를 배운 청각장애인들은 30년 이상 수화를 사용했어도 영아기 때 수화를 배우기 시작했던 사람들만큼 수화를 잘 구사하지 못했다(Newport, 1990). 수화 문법 사용에서 결함을 보였다. 이러한 결과 역시 언어발달에서 결정적 시기가 존재함을 시사해 준다.

3) 제2언어습득

제2언어습득에서 결정적 시기에 대해 논의할 때에는 모국어 습득에서와는 달리 여러 요인들을 고려할 필요가 있다. 보통 아동은 어릴수록 새로운 언어를 쉽게 배운다고 알려져 있다. 어릴 때 외국으로 이주하여 그곳의 언어를 배우기 시작한 아동들은 모국어 구사자들과 구별되지 않을 정도로 새로운 언어를 유창하게 구사하지만, 일정 시기가 지난 후에 새로운 언어에 접한 경우에는 그렇지 못하다. 이처럼 새로운 언어에 일찍 노출될수록 더 나은 언어 수행을 보인다는 증거는 음운(Oyama, 1976)뿐만 아니라 형태소 및 통사(Birdsong & Molis, 2001; Johnson & Newport, 1989)에 이르기까지 언어의 여러 수준에서 얻어졌다. 이러한 현상은 제2언어습득에서 생물학적으로 결정된 시기가 중요함을 보여 주는 듯하다.

하지만 제2언어습득에서 결정적 시기의 연령은 논쟁이 되고 있다. 존슨과 뉴포트(Johnson & Newport, 1989)는 미국에서 영어를 제2언어로 배우고 있는 중국인과 한국인들에게 문법적인 영어문장과 비문법적인 영어문장을 제시하고 그 문장들이 문법적인지를 판단하게 하였다. 그 결과, 연령에 따라 수행 정도가 달랐다. 3~7세 사이에 미국에 온 사람들은 정확하게 문법성을 판단하였는데 이들의 수행은 모국어 구사자들과 별로 다르지 않았다. 8~15세 사이에 미국에 온 사람들의 수행은 모국어 구사자들보다 떨어졌다. 하지만 이들 사이에서도 연령효과가 나타났다. 어려서 이민 왔을수록 수행이 좋았던 것이다. 17세 이후에 온 사람들의 수행이 가장 좋지 못했다. 이러한 결과는 제2언어에서도 연령효과가 나타난다는 것을 보여 준다. 사춘기 전에 노출되었을 때 가장 효과적이었다. 하지만 이 결과에서 주목할 점은 사춘기가 지나서도 제2언어습득이 여전히 가능했다는 점이다. 유창성이 떨어지기는 했지만 제2언어습득이 완전히 닫히지 않았던 것이다. 이러한 결과는 사춘기가 지나면 언어습득의 문이 완전히 닫혀 버린 모국어 습득과 대비된다. 결정적 시기가 모국어 습득과 제2언어습득에서 다를 가능성은 버드송(Birdsong, 1999)에서도 제기되었다. 버드송은 제2언어습득에서는 사춘기 지나서도 도착 연령효과가 나타난다는 점과 사춘기 후에 제2언어를 배우기 시작했어도 모국어 사용자처럼 유창하게 그 언어를 구사하는 사람들이 있다는 사례를 보고하였다. 버드송은 이러한 점을 지적하며 제2언어습득에서 사춘기를 전후한 결정적 시기 관점을 반대하였다. 제2언어습득은 특정 연령(예: 사춘기)이 지나도 완전히 닫히지 않고, 그 이후에도 지속적으로 진행될 수 있다. 그리하여 제2언어습득에서의 연령효과를 정리하자면 연령효과가 있기는 하지만 제2언어습득은 모국어 습득의 경험이 있은 후에 진행되는 것이기에 연령효과가 모국어 습득에서만큼 결정적이지 않을 수 있다는 것이다.

앞에서 살펴보았듯이 제2언어습득에서 결정적 시기의 연령이 어떠한지에 대해서는 이견이 있지만 어릴수록 제2언어습득이 용이하다는 점에 대해서는 이견이 없다. 이처럼 제2언어습득에서 밝혀진 연령효과는 외국어 학습에도 일반화되어, 외국어 학습을 일찍 시작할수록 외국어 학습이 용이할 것이라는 생각이 만연되었다. 하지만 최근 연구들은 외국어 학습 상황이 제2언어습득의 상황과 다르다는 점을 지적하며 제2언어습득에서 밝혀진 연령효과가 외국어 학습에 그대로 적용될 수 없음을 제안하였다(Muñoz, 2010). 가장 큰 차이는 언어에 대한 노출량(amount of exposure)이다. 제2언어습득에서는 깨어 있는 대부분의 시간 동안 제2언어에 노출되어 있지만 외국어 학습 상황에서 외국어에 대한 노출은 제한적이다. 외국어 학습은 일주일에 50분씩 2~4회 정도 제공되고, 교실에서 배우는 외국어는 또래들 간에 의사소통하는 언어가 아니기에 교실 밖에서는 좀처럼 사용되지 않는다. 이민 온 아동이 1년 동안 제2언어에 노출된 양은 외국어 학습 상황에서는 외국어에 18년간 지속적으로 노출된 정도에 해당된다는 연

구 보고가 있다(Singleton, 1989). 이 정도로 외국어 학습에서 외국어에
대한 노출은 양적인 면에서 상당히 제한적이다.

  그리하여 외국어 학습에서는 단순히 일찍 시작하는 것보다 학습
능력을 갖추었을 때 시작하는 것이 효과적일 수 있다. 무뇨스(Muñoz,
2010)는 다양한 연령(8세, 11세, 14세, 18세)의 스페인 아동들을 대상으
로 외국어(영어)에 노출된 시간을 200시간, 416시간, 726시간으로 조
작하여 외국어(영어) 학습 효과를 살펴보았다. 그 결과, 모든 학습 시
간에서 나이 든 학습자가 어린 학습자보다 더 나은 수행을 보였다. 또
한 나이 든 학습자의 학습 속도는 어린 학습자보다 더 빨랐다. 무뇨
스(2010)는 이러한 결과를 학습 기제의 차이로 설명하였다. 앞에서 살
펴보았듯이 언어발달에는 결정적 시기가 있고, 이 결정적 시기는 생
물학적 제약에 의해 결정된다. 이러한 생물학적 제약은 암묵적 학습
기제(implicit learning mechanism)에 작용한다(DeKeyser, 2000; Muñoz,
2010). 암묵적 학습은 천천히 오랜 시간에 걸쳐 진행되고, 많은 양의
자극을 필요로 한다. 그리하여 모국어 습득이나 제2언어습득에서는
암묵적 학습을 일으킬 정도로 충분한 언어 입력자극(linguistic input)
이 제공되기에 어릴 때 언어에 노출될수록 보다 효과적인 습득이 일
어날 수 있다. 하지만 외국어 학습에서는 상황이 다르다. 암묵적 학습
기제를 작동할 만큼의 충분한 언어 입력자극이 제공될 수 없기에 외
국어 학습은 외현적 지도(explicit instruction)에 의해 진행될 수밖에 없
다. 그렇기 때문에 보다 높은 수준의 인지적 능력을 갖춘 나이 든 아
동이나 성인들에게서 보다 효과적인 결과를 얻을 수 있는 것이다. 이

런 점들을 고려하면 외국어 학습 상황에서는 빠를수록 효과적이라는 연령효과를 재고할 필요가 있다. 하지만 외국어 학습 상황을 배제한 제2언어습득에서 연령효과를 살펴본다면, 모국어 습득에서만큼 결정 적이지는 않지만 제2언어습득도 생물학적으로 부여된 결정적 시기의 영향을 받고있음을 보여 준다 하겠다.

2. 언어발달에 대한 신경학적 증거

인간 언어는 대뇌 활동의 산물이다. 촘스키(1965)가 아동이 언어를 습득할 수 있는 것은 대뇌에 언어습득장치(Language Acquisition Device: LAD)라는 기제가 있어서 가능할 것이라고 제안한 이래 이러한 기제가 대뇌의 어디에 위치해 있는지, 어떻게 작동하는지에 대한 신경학적 주제가 활발하게 탐색되기 시작하였다. 이러한 맥락에서 핑커(1994)는 언어가 본능의 산물 또는 생물학적이라는 것을 확신하기 위해서는 대뇌에서 언어 능력을 담당하는 위치나, 언어를 담당하는 신경회로를 설치해 주는 문법 유전자를 추정할 필요가 있다고 주장하였다. 현재 인간의 대뇌에서 언어를 담당하는 기관이나 문법 유전자에 대한 확실한 증거를 찾아내기는 어려운 듯하다. 하지만 최근에 ERP, MRI, PET 등의 새로운 방법이 개발되면서 대뇌에 대한 신경과학적 연구에서 많은 진전이 있었다. 여기에서는 현재까지 밝혀진 언어를 담당하는 영역에 관한 신경과학에서의 연구결과들을 소개하기로 한다.

1) 언어에 대한 좌반구 편재화에 대한 증거

대뇌는 해부학적으로 2개의 반구로 구성되어 있는데 이 2개의 반구는 기능적으로 동일하지 않다. 이와 같이 대뇌의 어느 한쪽 반구에 기능적인 전문화가 이루어지는 현상을 편재화(lateralization)라 한다. 대뇌의 좌반구는 언어 기능을, 그리고 우반구는 공간 지각 기능 등을 분담하여 담당한다는 것은 많이 알려져 있는 사실이다. 이 절에서는 언어에 대한 좌반구 편재화를 실어증 환자와 2개의 반구가 분리된 환자를 대상으로 한 연구에서 살펴보고자 한다.

(1) 실어증

좌반구가 언어를 담당한다는 증거는 실어증 환자로부터 제기되었다. 1861년 프랑스 의사였던 브로카(Broca)는 대뇌의 특정 영역이 손상되었을 때 말을 하는 데 문제를 보인다는 것을 발견했다. 그 후 많은 증거들이 좌반구의 실비안 열구(Sylvian fissure: 측두엽을 뇌의 다른 부위와 분리시켜주는 틈)의 윗부분(브로카 영역이라고 이름 붙여짐) 또는 실비안 열구의 주변 영역이 손상되었을 때 이러한 실어증이 나타난다는 것을 보여 주었다. 이 영역이 손상된 환자들은 언어를 발화하는 데 문제를 보였는데, 몇 개의 단어나 구는 구사할 수 있는 경미한 경우도 있었지만 하나의 단어조차도 말할 수 없는 심각한 경우도 있었다. 브로카 영역이 운동을 통제하는 부분과 인접해 있어서 언어의 발화에 관여하기 때문에 이 같은 결함이 출현하는 것으로 생각되었다. 또 다른 형태의 실어증은 베르니케(Wernicke) 실어증이다. 1874년에 베르니케는 좌반구 측두엽의 뒷부분이 손상된 환자들이 브로카 실어증과는 다른 형태의 언어 문제를 일으키는 것을 발견하였다. 유창하게 말은 하지만 사용하는 단어나 단어의 조합이 적절하지 않았고 말을 이해하는 데 심각한 결함을 보였다. 이와 같이 언어의 이해에서 문제를 보이는 수용성 실어증을 베르니케 실어증이라 하였다. 이러한 실어증은 모두 좌반구가 손상되었을 때 나타났고 이 부위와 대응되는 우반구 손상에서는 나타나지 않았다. 이러한 결과 모두 언어가 좌반구에 편재화되어 있다는 것을 보여 주고 있다.

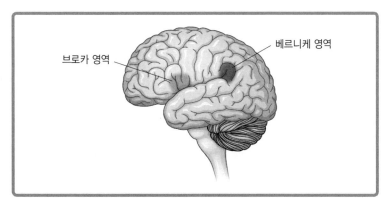

브로카 영역   베르니케 영역

[그림 2-4] 브로카 영역과 베르니케 영역

하지만 ERP, MRI, PET 등 새로운 영상 기술을 통한 대뇌 연구들은 대뇌의 해부학적 구조와 언어의 기능을 관계 짓는 전통적인 생각

에 도전장을 내밀었다. 우선, 대뇌에서 언어 능력을 담당하는 특정 영역을 찾는 것 자체가 어려운 일이라는 것이 발견되었다. 이것은 대뇌의 특정 영역에서 언어 능력을 찾을 만한 정교한 기술이 아직까지 개발되지 않아서일 수도 있다. 하지만 실제 언어를 담당하는 부위는 대뇌 여러 곳에서 발견되고 있고 사람에 따라 다른 장소에서 발견되기도 한다. 또한 대뇌의 활동을 신경회로의 형성과 관련하여 설명하는 신경과학자들 역시 언어의 기능을 특정 영역과 연결 짓는 것이 어렵다는 점을 지적하고 있다. 이러한 연구들도 언어 기능이 좌반구 영역 내에서 어떻게 국부화되어 있는가에 대해서는 일치된 견해를 보이지 않지만 언어 기능이 좌반구에 집중되어 있다는 점을 부정하지는 않는다. 언어의 주된 기능은 좌반구에서 작동한다는 것이다.

(2) 분리 뇌

대뇌의 좌우 반구는 뇌량(corpus callosum)이라는 신경다발로 연결되어 있다. 정상적인 경우에 대뇌는 뇌량을 통해 각 반구에 들어온 정보를 서로 상대 반구에 전달하여 통합된 기능을 하게 된다. 특별한 이유로 뇌량이 절제되었을 때 각 반구에 편재화된 기능이 있다는 것이 밝혀졌다. 심한 간질 환자의 경우 뇌량이 절제되었을 때 간질 증상이 완화된다. 뇌량의 절제로 인해 한쪽 반구에서 일어난 발작이 다른 쪽 반구로 전달되지 않아 증상이 완화된 것이었다. 스페리(Sperry), 가자니가(Gazzaniga) 등 신경과학자들(Gazzaniga, 1967; Sperry, 1982; Sperry & Gazzaniga, 1967)은 이 환자들에게서 흥미로운 현상을 발견하였다.

뇌량이 절제되었다 하더라도 각 반구는 손상되지 않았기에 분리 뇌 (split brain) 환자들의 일상 행동은 수술 전과 크게 달라지지 않았다. 하지만 실험실에서는 정상인과 다른 독특한 행동을 보였다. 스페리 등은 분리된 뇌를 가진 피험자를 스크린 앞에 앉히고 스크린 중앙에 있는 점에 시선을 고정하게 하였다. 그리고 이 점의 오른쪽 또는 왼쪽에 그림이나 글자를 제시하였다. 이때 왼쪽 스크린에 있는 정보는 피험자의 우반구에 전달되고, 오른쪽에 나타난 정보는 좌반구에 전달되도록 하였다. 정상인들의 경우에는 이렇게 정보가 어느 한쪽 반구에 입력되어도 뇌량을 통해 다른 쪽 반구로 정보가 전달되어 대뇌 반구가 통합적으로 정보를 처리하게 된다. 하지만 뇌량이 절제된 분리된 뇌를 가진 환자들은 정보가 입력된 반구에서만 그 정보를 처리하게

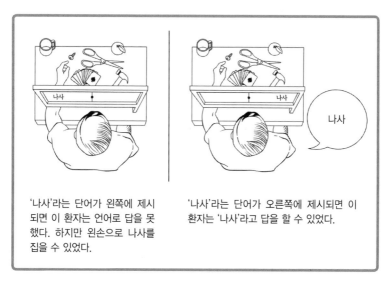

'나사'라는 단어가 왼쪽에 제시되면 이 환자는 언어로 답을 못했다. 하지만 왼손으로 나사를 집을 수 있었다.

'나사'라는 단어가 오른쪽에 제시되면 이 환자는 '나사'라고 답을 할 수 있었다.

[그림 2-5] 분리 뇌 환자의 실험

된다. 예를 들어, 스크린의 왼쪽에 '나사'라는 단어를 제시하고 분리 뇌 환자들에게 무엇을 보았는지를 물어봤을 때 이 환자들은 대답을 하지 못했다. '나사'라는 단어가 우반구로 전달되었기 때문이다. 하지 만 스크린에서 본 단어에 해당되는 물건을 집으라고 하면 왼손으로 정확하게 나사를 집었다([그림 2-5] 참조). 반면에 스크린의 오른쪽에 '나사'라는 단어가 제시되었을 때에 이 환자들은 자신이 보았던 단어 를 언어로, 즉 '나사'라고 대답할 수 있었다. 이때 '나사'라는 단어는 언 어를 담당하는 좌반구로 전달되었기 때문이다. 이 사례에서 2개의 반 구는 기능적으로 서로 고립되어 분리된 뇌처럼 작용했던 것이다. 이 러한 결과는 대뇌 반구의 기능적 비대칭성을 보여 주는데, 좌반구는 언어에 편재화된 언어중추인 반면에 우반구는 공간 지각 능력이 우수 한 반구임을 보여 주었다.

2) 언어에 대한 좌반구 편재화의 발달

앞 절에서 좌반구가 언어에 대해 편재화되어 있다는 연구결과들을 살펴보았다. 그렇다면 이러한 편재화는 언제부터 가능해지는 것일 까? 대뇌피질의 특정 반구가 언어를 담당하도록 태어날 때부터 미리 지정되어 있는가? 아니면 태어날 때에는 동등한 능력을 가지지만 발 달하면서 언어 능력이 좌반구에 점차 편재화되어 가는 것일까?

언어에 대한 좌반구 편재화에 대해서는 두 가지 대별되는 관점이 있다. 하나는 태어날 때에는 좌반구가 언어에 대해 편재화되어 있지

않고 좌반구와 우반구는 언어를 습득하는 데 동등한 잠재력을 가진다
는 동등잠재력 가설(equipotentiality hypothesis)이다(Lenneberg, 1967).
또 다른 가설은 좌반구는 태어날 때부터 언어에 전문화되어 있어서
언어에 대한 좌반구 편재화가 영아기부터 성인기까지 일정하게 유지
된다는 불변성 가설(invariance hypothesis)이다. 레너버그(Lenneberg,
1967)는 생의 초기의 좌반구 손상은 언어습득에 거의 영향을 주지 않
지만, 비슷한 부위의 손상을 입은 성인이나 나이 든 아동의 경우에는
심한 언어 지체를 보이거나 전혀 언어를 구사하지 못한다는 점을 지
적하며 동등잠재력 가설을 주장하였다. 하지만 레너버그의 주장은
1970년대 말소리 처리과정에 대한 연구에 의해 반박되었다. 몰페스,
프리먼과 팔레르모(Molfese, Freeman, & Palermo, 1975)는 10개월 이하
의 영아, 4세에서 11세 사이의 아동, 성인의 세 집단에게 음절, 단어
말소리가 아닌 소리를 음성으로 들려주고 각 자극이 제시되었을 때
나타나는 전기생리학적 활동을 기록하였다. 대부분의 피험자들의 전
기생리학적 활동은 말소리에 대해서는 좌반구에서, 말소리가 아닌 소
리에 대해서는 우반구에서 더 크게 나타났다. 이러한 말소리에 대한
좌반구 편재화가 영아기부터 성인기까지 일정하게 유지된다는 것을
발견하였다. 이러한 결과는 대뇌의 언어에 대한 기능적 비대칭성은
태어날 때부터 형성되고 바뀔 수 없다는 것을 보여 주며 불변성 가설
을 지지해 준다. 이 가설은 반구절제술(hemispherectomies)이나 국부
손상(focal injury)을 입은 아동을 대상으로 한 연구들에 의해서도 지지
되었다. 좌반구가 제거된 아동의 경우 통사적 과제나 음운론적 과제

에서 결함을 보였고, 또한 어릴 때 좌반구에 국부적으로 손상을 입은 아동들에게서도 비슷한 결과가 보고되었다(Johnson, 1999).

그러나 최근의 연구들은 반구절제술 등을 이용한 연구에서의 문제점을 지적하며 레너버그의 주장을 새롭게 접근하고 있다. 첫째, 반구절제술이나 국부 손상을 입은 아동을 대상으로 한 연구들은 이들이 보이는 손상이 대뇌 손상으로 실어증을 보이는 성인들의 증상에 비해 아주 가볍다는 것을 간과하였다. 좌반구 손상만을 입은 대부분의 아동들은 언어발달에서 정상 범주에 속하는 것을 볼 수 있었고, 정상 범주를 벗어나는 아동들은 국부 손상 외에 다른 합병을 가지고 있었던 것이다. 둘째, 반구절제나 국부 손상을 입은 아동에 대한 연구는 언어 손상을 회고적으로(retrospectively) 기술하였다. 다시 말해, 현재 실어증을 보이는 아동들이 어려서 몇 살 때 대뇌의 어떤 부위에 손상을 입었다는 식으로 기술되었다. 따라서 연구에 참여한 실어증 아동들은 연구 개시 이전에 손상을 입었기에 손상된 시점과 연구 시점 사이에 성숙 요인이나 환경적 영향이 개입되었을 가능성을 배제할 수 없다는 것이다.

그리하여 최근의 연구들은 이러한 문제점을 인식하여 회고적 방법이 아니라, 대뇌 손상을 입은 후에 대뇌 발달이 어떻게 진행되는가를 살펴보는 예상적 연구(prospective study)를 시도하였다. 스타일스와 탈(Stiles & Thal, 1992)은 출생 전 또는 생후 6개월 이전에 좌반구나 우반구 어느 한쪽에 손상을 입은 8~31개월 사이의 20명의 아동들을 대상으로 언어와 공간 지각에 대한 연구를 수행하였다. 국부 손상을 입

은 영아들은 좌반구 또는 우반구에 상관없이 지체를 보였다. 우반구
손상에서도 언어와 관련된 결함이 자주 나타났다. 이러한 결과는 성
인의 대뇌 손상에서 나타난 결과와 대비되는데, 성인 실어증의 경우
에는 좌반구 손상을 입은 집단에서는 단어 이해에서 심각한 결함이
나타난 반면에, 우반구가 손상된 집단에서는 이러한 결함이 거의 나
타나지 않았다. 따라서 이러한 결과는 좌반구가 성인의 경우에는 언
어를 사용하고 유지시키는 중추적인 역할을 하지만 영아들의 경우에
는 반드시 그렇지 않다는 것을 보여 준다. 또한 이러한 결과는 태어날
때부터 대뇌의 기능 분화가 확고하게 이루어져 있는 것이 아니라 대
뇌 편재화는 발달 과정을 통해 형성될 가능성을 시사해 준다. 이러한
주장은 측두엽의 대치된 기능을 연구한 결과들로 지지되었다.

　　네빌과 동료들(Neville, 1995; Neville & Lawson, 1987)은 좌반구의 언
어를 담당하는 부위(측두엽)가 다른 기능을 하도록 대치될 수 있는지
를 살펴보았다. 네빌(1995)은 청각 자극이 없이 자란 청각장애 아동들
의 시각 정보 처리를 정상 아동들과 비교하여, 청각 자극이 없이 자란
청각장애 아동들은 정상 아동들보다 주변 시각 영역(peripheral visual
field)에서의 더 민감성을 보인다는 것을 보고하였다.

　　흥미로운 것은 주변 시각 영역을 자극한 후에 좌반구 측두엽(청각
영역)에서 기록된 ERP가 정상 아동들보다 2~3배 더 컸다는 점이다.
이것은 대뇌가 청각 자극을 받지 못했을 때 청각 영역이 부분적으로
시각적 기능을 하도록 할당된다는 것을 보여 준다. 이 결과는 대뇌피
질 영역이 언어 처리를 위해 미리 지정되어 있지 않고, 언어 처리 영

역이 다른 기능을 할 수 있도록 대치될 수 있는 가능성을 시사해 준다. 그리하여 존슨(1999)은 좌반구 측두엽이 언어를 담당하도록 미리 지정된 부위라기보다는 언어에 필요한 빠른 시간적 정보를 처리하는 데 가장 적합한 부위일지 모른다고 제안한다. 이처럼 대뇌피질의 기본 구조에서의 특징 때문에 환경에서 유입되는 언어적 정보는 주로 좌반구의 측두엽이 처리하게 되고, 이러한 상호작용을 거치면서 좌반구의 측두엽은 언어 처리를 담당하도록 편재화되었을 가능성이 있다. 이와 같이 대뇌피질의 편재화가 대뇌의 구조적 차이와 언어 자극을 처리하는 과정 사이의 상호작용 결과로 나타난 것으로 본다면 언어에 대한 좌반구의 편재화는 동등잠재력 가설과 불변성 가설 사이의 어딘가에서 설명할 수 있을지도 모른다.

3) 신경학적 가소성

어린 아동들은 좌반구가 손상되었을 때 성인들보다 더 빠르고 완전하게 언어를 회복시킨다. 이러한 현상들은 대뇌발달에서의 가소성 (plasticity)으로 설명되는데, 가소성은 대뇌의 부위가 정상 시에 가동하지 않던 기능을 양도받아 갖게 되는 능력이다. 미성숙한 뇌가 더 큰 가소성을 갖는다는 사실은 대뇌발달의 가장 특징적인 패턴인 '과잉생산 후 가지치기(blooming and pruning)'로 설명될 수 있다. 우리의 대뇌는 생후 첫 2년 동안 시냅스의 연결을 증가시켜 과잉생산한다. 허텐로커(Huttenlocher, 1994)는 시냅스의 과잉생산이 대뇌의 가소성에 중요한 역할을 한다고 제안한다. 2년이 지나면서 불필요한 시냅스의 연결이 상실되기 시작하는데, 연결이 상실되면서 특별한 기능이 특정한 영역에 국부화된다(Neville, 1995).

베이츠, 탈과 재노스키(Bates, Thal, & Janowsky, 1992)는 좌반구와 우반구 사이의 차이가 발달의 여러 시점에서 나타나는 시냅스의 변화와 관련되었을 가능성을 제안하였다. 생후 8~9개월경에 행동 및 신경 발달에서 변화가 일어나서, 전두엽으로부터 긴 연결부위를 형성하고 성인 수준의 신진대사 활동이 시작된다. 이와 같은 신경 발달의 덕택으로 아동은 단어를 이해하고 발화하게 되고, 음운 수준에서는 모국어에 허락하지 않는 음소의 억제가 일어난다(예: 일본어에서는 'r'과 'l'에 해당하는 음소). 또한 아동들은 16~24개월경에 어휘 폭발을 경험한다. 처음 말을 시작하던 때에 비해 이들이 사용하는 단어의 수가 폭발적으로 증가한다는 것이다. 대뇌피질에서 시냅스 밀도가 폭증되면 정보처리나 저장 능력이 커지는데 이것이 어휘 폭발과 관련되는 듯하다. 4세경에 아동은 모국어의 형태론적 또는 통사적 기본 구조를 습득하는데, 이것도 대뇌 신진대사와 시냅스 밀도의 감소와 관련이 있는 듯하다(Johnson, 1999). 이처럼 아동의 언어발달을 살펴볼 때 생물학적 변화를 간과해서는 안 된다. 이상의 연구결과들은 인간의 대뇌 발달이 무엇보다도 언어발달에 많은 영향을 미친다는 것을 보여 준다.

이 장에서는 언어가 생물학적 능력임을 보여 주는 증거들을 살펴보았다. 언어발달에 결정적 시기가 있다는 사실은 언어가 생물학적 능력을 기반으로 발달된다는 점을 시사해 준다. 출생 후 일정기간 동안 언어를 접하지 못했던 야생 아동들이 언어습득에 결함을 보인다는 사실이 결정적 시기의 주요한 증거가 된다. 또한 늦게 수화에 노출된 경우 수화 습득에서 결함을 보인다는 사실 역시 언어발달의 결정적 시기가 있음을 보여 준다. 제2언어습득은 모국어 습득과 동시에 또는 모국어 습득이 진행된 후에 두 번째 언어를 습득하는 경우이다. 제2언어습득에서 결정적 시기에 대한 증거는 모국어 습득이나 늦은 수화 습득에서처럼 결정적이지 않다. 하지만 연령이 이를수록 제2언어습득이 용이하다는 점 역시 언어발달에 민감한 시기가 있음을 시사해 준다.

새로운 대뇌 연구 방법이 개발되면서 언어발달에 대한 신경과학적 증거들이 많이 출현하였다. 실어증이나 분리 뇌 환자를 통해 언어가 좌반구에 편재화되어 있음이 확인되었다. 좌반구가 빠르게 입력되는 시간적 정보를 처리하는 데 용이하기에 음성 언어 정보처리를 주로 담당하게 되고 이런 과정에서 좌반구 편재화가 일어났을 가능성이 있다.

03_

언어발달에 대한 이론적 접근

언어발달은 어떤 요소에 주의를 기울이는가에 따라 다양한 이론
이 제기되었다. 이 장에서는 행동주의 접근, 생득주의 접근, 구성주의
접근, 사회적 상호작용 접근이 제기하는 언어에 대한 기본 전제와 설명
방법 등을 살펴본다.

아동은 별다른 노력이 없이도 4세경에 문법이라 불리는 복잡한 언어 시스템을 거의 다 습득한다. 2개의 문장을 연결하고, 의문문을 만들고, 적절한 대명사를 사용하고, 부정문을 구사하고, 관계절을 만드는 등 문법의 통사적, 음운론적, 형태론적, 의미적 규칙을 사용할 수 있다. 아동은 어떻게 이러한 복잡한 구성을 가지는 언어를 습득할 수 있는 것인가? 많은 아동 언어 연구자가 이러한 질문에 답을 하고자 연구하여 왔지만 어느 누구도 언어발달 과정을 완전하게 설명할 수는 없었다. 아동의 언어발달을 접근하는 방법은 언어발달의 어떤 요소에 주의를 기울이는가에 따라 많은 논쟁을 불러일으키고 있는데, 이 장에서는 아동의 언어발달을 설명하는 행동주의 접근, 생득주의 접근, 구성주의 접근, 사회적 상호작용 접근의 네 가지 접근방법을 소개하고자 한다.

1. 행동주의 접근

행동주의는 경험주의 철학에 바탕을 두고, 인간이 태어날 때는 백지와 같은 존재이지만 후천적으로 어떤 경험을 하느냐에 따라 다양한 행동을 보이게 된다고 주장한다. 그리하여 이 관점에서는 인간을 환경의 압력을 받는 수동적인 존재로 간주한다. 또한 이 관점은 인간을 지식이나 의도와 같은 정신적 과정에 근거하여 설명하려는 것을 반대하고, 관찰할 수 있고 측정할 수 있는 외현적 행동에만 관심

을 갖는다. 이러한 행동주의의 기본 가정은 언어 학습에도 그대로 적
용된다. 행동주의 접근에서는 언어를 일종의 기술로 간주하고 언어
행동에 대한 학습에 초점을 맞춘다. 그리하여 언어적 역량(linguistic
competence)보다는 언어적 수행(linguistic performance)을 강조한다.

　행동주의 접근은 인간의 외현 행동의 변화를 설명하는 방법에 따
라 고전적 조건형성, 조작적 조건형성, 사회학습이론으로 나눌 수 있
다. 행동의 변화를 설명하는 가장 간단한 방법이라고 볼 수 있는 고
전적 고전형성에서는 관찰할 수 있는 환경 조건(자극)과 언어 행동(반
응)과의 연합으로 언어 학습을 설명한다. 예를 들어, 아기가 배가 고
플 때 우유를 주는 것(무조건 자극, UCS)은 아기의 배고픔을 해결하는
생리적 반응(무조건 반응, UCR)을 일으킨다. 이때 우유를 주기 전에 엄
마가 '우유'라고 말하면(조건 자극, CS), 이 자극은 무조건 자극인 우유
와 연합하게 되고, 충분히 연합되면 '우유'라는 말(CS)이 아동이 실제
우유를 먹었을 때와 유사한 생리적 반응(조건 반응, CR)을 일으키게 된
다. 여기서 무조건 자극인 우유는 '우유'라고 말하는 것을 강화해 주
는 역할을 하게 되고, 이러한 과정을 통해 아동은 '우유'라는 말을 학
습하게 된다.

　행동주의에서 강조하는 또 다른 언어 학습 기제는 조작적 조건형
성에 기반을 둔 강화(reinforcement)이다. 조작적 조건형성에서는 특
정 행동 뒤에 오는 강화가 그 행동을 유지시키는 데 중요한 역할을 한
다고 가정한다. 즉, 강화가 뒤따르는 언어적 반응은 지속되지만 그렇
지 않은 반응은 사라진다는 것이다. 예를 들어, 아동이 '우유'라고 말

했을 때 엄마가 우유를 준다면 우유는 강화자가 되어 아동이 '우유'라
고 말하는 것을 학습하게 해 줄 것이다. 또는 아동이 힘겹게 입을 떼
어 말한 '엄마'라는 말에 엄마의 "어머, 얘가 엄마래. 그래, 엄마."라는
환희에 찬 반응 역시 언어적 강화자의 역할을 하여 아동의 언어 학습
을 촉진한다.

  조작적 조건형성을 주장한 대표적인 학자인 스키너(Skinner, 1957)
는 언어를 언어 행동(verbal behavior)으로 정의하고 이러한 언어행동
은 구조나 패턴보다는 기능적 관계를 파악하는 것이 중요하다고 주장
하였다. 그리하여 언어 행동은 언어적 기능에 따라 구분될 수 있는데,
여기서 언어적 기능은 언어 행동이 가져오는 효과적인 측면으로 정
의될 수 있다. 스키너가 제시한 언어 행동의 예는 다음과 같다. 첫째,
요구발화(mand) 반응은 요구(demand), 요청(request), 명령(command)
과 같은 상황에서 나타나는 언어 반응으로 강화자가 무엇인지를 분명
하게 지정하는 기능을 갖는다. 예를 들어, 아동이 과자를 먹고 싶어서
"과자 줘."라고 말할 때 과자를 받게 되면 과자는 강화자가 된다. 이와
같이 요구의 기능을 충족한 이 표현은 언어로 정착된다. 둘째, 접촉
(contact) 반응은 화자가 말하고 있는 대상이나 사건에 대한 반응으로
이름 붙이기(naming), 이름표 붙이기(labeling), 언급하기(commenting)
의 기능을 충족한다. 예를 들어, 아동이 강아지를 보며, "멍멍."이라
고 할 때 성인이 "맞아."라고 답을 해 준다면 아동은 이 표현을 학습할
수 있다. 셋째, 반향적 조작(echoic operant) 반응은 성인의 소리를 그
대로 따라 하는 반응이다. 예를 들어, 성인이 "엄마 해봐."라고 할 때

유아가 "엄마."라고 한다면 칭찬을 받게 되고, 그 칭찬은 강화자가 되어 그 말을 계속 발화하게 해 준다. 넷째, 앞에서 언급한 반응들은 그 반응을 일으키는 자극과의 유관성이 분명하다. 하지만 반응을 일으키는 언어자극과 일대일로 상응하지 않는 언어 반응도 있다. 언어내적(intraverbal) 반응이 이에 해당되는데, 언어내적 반응은 다른 사람의 언어 행동에 의해 야기되는 언어 행동이지만 자극과 반응 간의 관계는 임의적이다. 언어 환경에서 경험을 통해 그 상황에서 적절한 표현을 학습한 것으로 사회적인 말이나 관습적인 표현 등이 포함된다. "어떻게 지내?"라는 말에 "좋아."라고 답하는 것이 그 예이다. 다섯째, 자동(autoclitic) 반응은 아동 자신의 반응이다. 각 단어는 다음 단어를 추출하기 위한 자극으로 작용하여 다음 단어를 연결하게 해 준다. 아동은 이러한 연쇄를 학습함으로써 문법을 배우게 된다. 아동은 "영희는 과자를 먹는다."라는 문장을 다음과 같은 방식으로 학습하게 된다. '영희는'이 '과자를'에 대한 자극이 되고, 이 자극은 다시 '먹는다'에 대한 자극이 되는 방식으로 일련의 연쇄가 형성되고 이를 통해 이 문장이 학습된다. 아동이 단어를 순서 짓는 방식이 성인이 순서 짓는 방식과 유사해질 때 성인은 그 연쇄에 대한 강화를 주고 이러한 과정을 통해 아동은 어순을 학습하게 된다. 그리하여 초기 언어 행동은 환경의 근접성에 의해 형성된다.

행동주의의 후반기에 출현한 사회학습이론에서는 인간의 언어 행동이 다른 사람의 언어 행동을 관찰하고 그 행동을 모방함으로써 형성된다고 주장한다. 예를 들어, 엄마가 출근하는 아빠를 배웅하며 "빠이빠이"라고 하는 말을 듣고 난 후, 아동은 "빠이빠이"라고 엄마 말을 모방하고 그 표현이 강화를 받게 되면 지속적으로 유지된다. 다시 말해, 아동은 자기가 들었던 문장을 단순히 모방함으로써 성인이 발화하는 문장과 유사한 문장을 산출해 낼 수 있는 것이다.

초기 언어 학습에 대한 연구들은 행동주의 접근에서 언어 학습을 설명하는 주요한 기제인 모방에 대한 지지 증거들을 제시하였다(Fraser, Bellugi, & Brown, 1963; Whitehurst & Vasta, 1975). 프레이저, 벨루지와 브라운(Fraser, Bellugi, & Brown, 1963)은 3세 아동에게 문장을 들려주고 모방을 하게 하는 조건(모방 조건), 문장을 들려주고 그에 상응하는 그림을 선택하게 하는 조건(이해 조건), 그림을 보여 주고 그림을 문장으로 묘사하게 하는 조건(산출 조건)을 비교하였다. 그 결과, 아동들은 다른 두 조건에서보다 모방 조건에서 더 좋은 점수를 얻었다. 이들은 이러한 결과를 근거로 모방이 언어습득에서 중요한 역할을 한다고 결론지었다. 하지만 이러한 주장은 최근에 다음과 같은 이유로 반박되고 있다. 첫째, 아동은 어른이 하는 말을 그대로 따라 하지 않는다. 대부분의 경우 아동은 어른이 하는 말을 자기 나름대로 단순화시켜서 발화한다. 이러한 사례는 많은 언어에서 발견되는데 여기에서는 한국어와 영어의 사례를 들어 보기로 한다.

> ① (한국어) 엄마: 곰**이** 낸내하지.   아이: 곰 낸내.
>
>   　　　　　엄마: 누가 낸내해?   아이: 곰**가** 낸내해.
>
> (이승복, 1995에서 인용)
>
> (영어)　Adult: He's going out   Child: He go out.
>
> 　　　　Adult: **That's** an old-time train.
>
> 　　　　Child: Old-time train
>
> (Fromkin & Rodman, 1993에서 인용)

①의 예들은 아동이 어른이 하는 말을 앵무새처럼 단순히 반복하는 것이 아니라 자신의 언어 능력이 허락하는 범위에서 언어적 표현을 구사하고 있음을 보여 준다. ①의 예에서 보면 주로 기능어 (functional word)에 해당하는 어휘들, 즉 한국어의 경우에는 주격조사 '이'가 생략되고, 영어의 경우에는 'is'와 같은 조동사가 생략되어 있다. 이와 같이 아동은 어른의 말을 앵무새처럼 그대로 따라 하는 것이 아니라 자신이 받아들일 수 있는 정보만을 선택하여 산출한다. 이러한 아동의 행동은 언어 학습에서 모방의 역할을 약화시키는 증거로 간주되었다. 또 다른 반대 증거는 아동이 자기가 들어 본 적이 없는 문장을 산출한다는 것이다. ①에서 보면, 아동은 성인이 절대로 발화할 일이 없는, 그래서 결코 들어 본 적이 없을 만한 "곰가 낸내해."라는 문장을 발화한다. 아동이 들어 본 적이 없는 문장을 발화하는 현상은 모방이 언어습득에서 핵심적인 역할을 하지 않는다는 것을 더욱 강하게 시사해 준다.

두 번째 반박은 행동주의가 제시하는 주요 학습 기제인 강화에 대한 것이다. 강화이론은 아동이 문법에 맞는 말을 했을 때에는 강화를 받고 문법에 어긋나는 말을 할 때에는 정정됨으로써 아동의 언어발달이 진행된다고 주장한다. 하지만 다음과 같은 증거는 강화가 언어 학습 기제가 될 수 없다는 것을 보여 준다. 첫째, 성인들은 아동의 표현이 문법적으로 맞는지 여부보다는 의미적으로 적절한지에 기초하여 강화를 준다(Brown & Hanlon, 1970).

---

2 (한국어) 아이: (엄마의 바지를 가리키며) 엄마 바지 엄마 바지.
　　　　　엄마: 그래 엄마 바지야.
　　　　　아이: (엄마의 원피스를 가리키며) 엄마 바지.
　　　　　엄마: 아니야 엄마 옷.

(이승복, 1995에서 인용)

　(영어)　Adam: Draw a boot paper
　　　　　Mother: That's right, Draw a boot on paper.
　　　　　Eve: Mama isn't boy, he a girl.
　　　　　Mother: That's right.

(Brown & Hanlon, 1970에서 인용)

2의 자료는 엄마가 아동 말의 의미가 정확할 때 긍정적인 강화를 주고, 표현의 문법적 적합성 여부는 전혀 고려하고 있지 않음을 보여 준다. 둘째, 흔한 경우는 아니지만 어른들이 아동의 문법적 표현에 대해 간혹 강화를 주는 경우가 있다. 하지만 아이들은 그 강화에 주의하지 않는다.

③ (한국어) 엄마: 준규와 남규가 간다.
　　　　아이: 준규와 남규**와** 간다.
　　　　엄마: 아니, 준규와 남규가 간다.
　　　　아이: 준규와 남규**와** 간다.
　　　　엄마: 자, 잘 들어 봐. 준규와 남규가 간다.
　　　　아이: 준규와 남규**와** 간다.

(이승복, 1995에서 인용)

　(영어)　Child: Nobody don't like me
　　　　　Mother: No, say " Nobody likes me."
　　　　　Child: Nobody don't like me (이러한 대화를 8번 반복)
　　　　　Mother: Now, listen carefully, say "Nobody likes me."
　　　　　Child: Oh, nobody don't likes me.

(Fromkin & Rodman, 1993에서 인용)

이와 같이 성인과 아동의 대화에서 문법에 대한 강화의 증거는 거의 나타나지 않고 강화가 있다 하더라도 그것은 아동의 발음이나 내용에 대한 것이지 아동이 구사하는 문장의 문법적 구조와는 상관이 없다. 이와 같은 증거들은 행동주의로는 아동의 언어습득을 설명하는 것이 불충분하다는 것을 보여 준다.

2. 생득주의 접근

앞에서 언급한 행동주의 접근이 경험주의적 관점에 기초하고 있다면 이와 극명하게 대비되는 접근은 촘스키의 생득주의에 근거한 언어

습득 이론이다. 스키너(1957)는 '언어 행동'이 변별적 강화를 통해 조성(shaping)될 수 있다고 주장하였는데, 촘스키는 이 주장에 대한 증거를 찾을 수 없다며 스키너의 언어 학습 방법을 맹렬히 비판하였다. 스키너가 언어 행동의 모든 측면이 경험이나 학습에 의해서 얻어진다는 극단적인 관점을 취했다면 촘스키는 언어습득에서 생득적인 면을 강조하는 또 다른 측면에서의 극단적인 입장을 취했다고 할 수 있다. 촘스키에 따르면 아동의 언어습득은 태어날 때부터 가지고 있는 생물학적으로 결정된 생득적인 능력에 의해 이루어지며, 환경에서의 경험은 이미 내재되어 있는 언어 능력을 촉매해 주는(trigger) 역할만을 할 뿐이라는 것이다.

촘스키가 1957년에 발간한 『통사구조(Syntactic Structures)』에서의 주장은 언어학에서 혁명이라 불릴 만큼 파격적이었다. 촘스키는 그 이래로 언어 구조에 초점을 맞추면서, 소위 생성문법(generative grammar)이라 불리는 언어학 이론을 끊임없이 발전시켜 왔다. 촘스키의 이론은 이전의 언어학 이론과 여러 가지 면에서 구별되는데, 그중 가장 특이할 점은 생성문법에서의 궁극적인 목표가 생득적인 언어 능력(language faculty)을 규명하고자 한다는 점이다(Chomsky, 1965). 따라서 생성문법은 개별 언어의 문법보다는 모든 언어에 존재하는 언어적 보편성에 대해서 관심을 갖는다. 이 언어 능력은 언어습득장치(Language Acquisition Device: LAD)라는 신경학적 장치로 설명되었는데, 언어습득장치는 인간의 마음 또는 대뇌의 생득적인 구성요소로서, 특정 언어 경험을 특정 언어에 대한 지식체계로 전환시켜 주는 장치이다

(Chomsky, 1986; Lenneberg, 1967). 새가 날개가 있어 날 수 있듯이 아동
은 LAD가 있어서 생득적으로 언어 능력을 갖게 된다는 것이다.

촘스키(1981)는 생득적으로 결정된 언어 능력을 보편문법(Universal
Grammar: UG)이란 추상적인 개념으로 설명하고 있다. 보편문법은 일
종의 생물학적인 기제로서 매우 다양하게 구별되어 있는 생득적인 언
어적 제약(innate linguistic constraint)들로 구성되어 있다. 생물학적인
기제라는 말은 보편문법이 대뇌 구조의 일부라는 것을 가정한다. 따
라서 보편문법은 생득적이고 모든 인간에게 공통적이다. 또한 생득
적인 언어적 제약은 원리(principle)와 매개변인(parameter)으로 구성
되어 있다. 원리와 매개변인을 내재화하고 있는 보편문법은 주어지
는 언어 자극과 상호작용하면서 하나의 구체적인 언어 형태로 구현
화된다. 여러 언어에서 발견되는 보편성(universlity)은 보편문법의 원
리로 설명되고, 각 나라 언어의 특정성(specificity)은 보편문법의 매
개변인 값에 의해 결정된다. 보다 구체적으로 설명하기 위해 결속
이론(binding theory)을 예로 들어 보자. 결속이론은 재귀사(reflexive)
와 그것의 선행사와의 연결에 대한 원리로서 촘스키가 제안한 보편
문법을 구성하는 원리 중 하나이다. 결속이론은 재귀사가 지배 범주
(governing category) 내에서 결속될 것을 요구한다. 이것은 어떤 언어
에서도 적용되는 언어 보편적 원리이다. 하지만 지배 범주에 대해서
는 언어마다 다른 매개변인 값을 갖는다. 이것이 각 언어의 특정성을
결정해 준다. 영어와 한국어 문장에서 재귀사 'himself'와 '자기'에 대
한 가능한 선행사는 이 두 언어의 매개변인 설정에서의 차이를 보여

준다(Lee, 1990; Lee & Wexler, 1987).

> ① 철수가 영수가 자기를 가리켰다고 생각했다.
> ② John thought that Bill pointed to himself.

한국어 문장 ①에서 '자기'는 종속절 주어인 '영수'뿐만 아니라 주절의 주어인 '철수'를 선행사로 취할 수 있다. 반면에 영어 문장 ②에서 재귀사 'himself'는 종속절의 주어인 'Bill'만을 선행사로 취할 수 있다. 재귀사인 '자기'나 'himself'가 선행사와 결속된다는 사실은 결속이론이 언어 보편적 원리임을 보여 주지만 어떤 선행사를 취할 수 있는가의 차이는 매개변인 값에서의 차이에 의해 결정된다. 촘스키는 이러한 방식으로 여러 언어의 보편성과 특정성을 설명하였다.

보편문법을 제안함으로써 촘스키(1986)는 플라톤으로 거슬러 올라가는 '자극의 빈곤(poverty of stimulus)'에 대한 논쟁을 해결하고자 하였다. 플라톤은 "인간은 경험을 거의 하지 않고도 어떻게 그렇게 많은 지식을 갖게 되는가?"라는 질문을 제기했는데, 이러한 질문은 언어습득에도 그대로 적용될 수 있다. "아동이 주변에서 듣는 언어 자극이 그렇게 풍부하지 않음에도 불구하고 아동은 어떻게 그토록 풍부한 언어 지식을 갖게 되는가?" 언어 자극이 풍부하지 않다는 것은 두 가지 점에서 논의될 수 있다. 우선, 아이들이 실제 접하는 문장들은 양적으로 매우 제한적(finite)이라는 점이다. 아이들이 자기 모국어가 허용하는 모든 문장을 듣고 자란다는 것은 불가능하다. 그러나 이렇게 제한적인 언어 환경에서 자란 아이들은 자기가 들었던 문장만을 생성해 내는 것이 아니라 들어 본 적이 없는 문장도 만들어 낼 수 있을 정도로 무한한(infinite) 언어 능력을 가지고 있다. 자극의 빈곤은 양적인 측면에서뿐만 아니라 질적인 측면에서도 논의된다. 아이들이 듣는 문장은 때로는 문법적으로 완전하지 않은 경우도 있고 말이 중간에 끊기기도 하고 의미가 적합하지 않은 경우도 있다. 그러나 아이들은 이렇게 불완전한 언어 환경 속에서도 자기 모국어에 대한 정확한 문법을 추상화하여 오류를 산출하지 않는 언어 규칙을 만들어 낼 수 있다. 촘스키(1986)는 이러한 자극의 빈곤 문제를 해결할 수 있는 방법은 생득적인 언어 능력을 가정하는 것이라고 주장하였다. 인간은 생득적으로 언어를 습득할 수 있는 능력인 보편문법(UG)을 가지고 태어나기에 언어 경험이 풍부하지 않을지라도 언어 구조를 무한하게 생성해 낼 수 있다는 것이다.

언어습득에 대한 촘스키 이론은 언어학 및 심리학에서 새로운 시각으로 연구를 시작하게 해 주는 원동력이 되었다. 웩슬러와 컬리커버(Wexler & Culicover, 1980)는 촘스키의 생득주의적 언어관에 기반을 둔 학습가능성 이론(learnability theory)을 제안하였다. 이들은 이 학습가능성 이론에서 어떤 언어가 습득 가능하고 어떤 언어가 습득 불가능한지를 형식적 공리(formal theorem)를 이용하여 밝히고자 하였다. 또한 1990년대에 들어서면서 촘스키가 제안한 언어습득에서의 생물학적 능력은 진화심리학에 기반을 두어 언어습득을 설명하고자 하는 일련의 학자들에게 깊은 영향을 끼쳤다(Bloom, 1998; Pinker, 1994;

Pinker & Bloom, 1990).

촘스키 이론이 언어학, 심리학 및 인지과학 등의 영역에서 막대한 영향력을 보여 주고 있지만 언어습득과 관련하여 다음과 같은 문제점이 지적되고 있다. 첫째, 아직까지 촘스키의 언어 이론에서 가장 중요한 개념인 보편문법에 대한 실증적인 증거가 확실치 않다는 점이다. 촘스키는 보편문법을 생물학적 기제로서 우리 대뇌의 어딘가에 존재하는 것으로 가정하고 있지만 신경과학에서의 현재 증거들은 아직 확실한 부위를 밝혀 주지 못하고 있다. 이러한 문제점에 대해 촘스키(2000)는 현재의 대뇌에 대한 지식으로는 보편문법에 대한 생물학적 증거를 제공할 수 없고 가설적인 개념이라는 것은 인정한다. 하지만 화학에서 분자나 원자가 처음에는 가설적인 개념이었지만 과학의 발전으로 인해 그 개념에 대한 증거를 갖게 되었다는 점을 강조하며 언어 능력을 보편문법이라는 가설적 개념으로 시작하는 것이 잘못된 것이 아니라고 주장한다. 더 나아가, 대뇌에 대한 신경과학적 연구가 계속되면 언젠가 보편문법에 대한 신경학적 증거를 찾을 수 있을 것이라는 희망적인 주장을 하였다. 둘째, 인간 언어는 음운, 어휘, 통사, 의미, 화용 등 여러 수준의 표상으로 구성되어 있는데, 촘스키의 이론은 주로 통사에만 초점이 맞추어져 있다는 것이 비판의 대상이 되기도 한다. 아동의 언어습득과정을 살펴볼 때, 아동들은 음운, 통사, 의미, 화용 등의 구성요소들을 따로 떼어서 습득하는 것이 아니라 이러한 여러 요소들을 자연스럽게 통합하여 배우고 있는 것을 관찰할 수 있다(김진우, 1999). 이런 관찰을 토대로 김진우(1999)는 촘스키의 언어습득이론이 통사 습득에 대한 이론일 수는 있어도 언어 전체에 대한 습득이론이 될 수는 없다고 비판하였다.

3. 구성주의 접근

피아제(Piaget)와 비고츠키(Vygotsky)는 구성주의를 대표하는 학자들이지만 언어발달에 대해서는 서로 다른 주장을 하고 있다. 이 절에서는 이 두 학자의 언어발달에 대한 주장을 살펴보기로 한다.

1) 피아제 이론

피아제는 아동의 언어발달 능력에 대해 행동주의나 생득주의와는 다른 입장을 취한다. 이 접근에 따르면 아동이 언어의 복잡한 구조를 습득하게 되는 것은 생득적인 능력에 의해서도 아니고 학습에 의해서도 아니다. 아동이 갖게 되는 언어 구조는 아동의 현재 인지적 수준과 환경 사이의 끊임없는 상호작용의 결과이다. 그리하여 아동의 언어는 외부 세계를 그대로 반영하는 것도 아니고, 아동이 환경을 탐색하기 시작할 때 가지고 있던 생득적인 단순한 인지 도식을 그대로 반영한 것도 아니다. 언어는 인지적 의미와 사회적 의도를 표현하기 위한 상징체계인데, 인지적 의미와 사회적 의도를 언어적 채널에 맞춘 결과로 나타난 것이 아동의 언어 구조이다. 따라서 이 접근에 따르면,

언어는 독립된 능력이 아니라 인지발달의 결과로 나타나는 일반적인 인지 능력 중 하나이다. 특히 언어가 발달하기 위해서는 인지발달이 선행되어야 한다는 인지 선행설을 주장한다.

피아제 이론에 따르면 일반적인 인지발달 원리와 동일한 원리에 의해서 언어발달이 일어나기에, 감각운동기, 전조작기, 구체적 조작기, 형식적 조작기의 인지발달 단계에 기초하여 언어에 대한 지식도 발달하게 된다. 예를 들어, 피아제의 인지발달 단계에서 감각운동기는 언어가 나타나기 전 단계로서 이 시기의 영아들은 상징을 사용하지 못하고, 이 세상을 감각과 운동을 통해서 이해한다. 특히 이 시기의 아동들은 대상영속성의 개념을 갖지 못한다. 어떤 물체가 자기 시야에서 사라지면 그 물체가 더 이상 존재하는 것으로 생각하지 않는다는 것이다. 감각운동기 말기가 되어야 아동은 물체가 자신에게 보이는 것에 상관없이 존재할 수 있다는 것을 알게 된다. 언어발달은 이러한 인지발달에 상응하여 일어나기에 감각운동기 초기의 아동들은 대상영속성의 개념을 갖고 있지 않아서 대상물을 표상하는 상징에 대한 필요성을 느끼지 않는다(Sinclair-deZwart, 1969). 대상물이 눈에 보이지 않을 때 그 대상물은 존재하는 것이 아니기 때문에 보이지 않는 대상물에 대한 언어적 표현이 필요하지 않은 것이다. 대상영속성의 개념을 갖게 되면서 아동은 존재하지 않는 대상물을 인식하게 되고 그것을 표상할 필요성을 갖게 된다. 그리하여 보이지 않는 대상을 표상하기 위해 상징을 사용하기 시작하게 되고, 이것이 아동이 사용하는 첫 단어가 된다. 예를 들어, 영어에서 'all gone'과 같이 무엇이 사라진 것을 지칭하는 단어는 대상영속성 개념을 갖게 되면서 사용되기 시작한다. 이러한 증거는 한국 아동의 자료에서도 찾아볼 수 있는데, 한국 아동들에게서 '있다/없다'와 같은 단어가 나타나는 시기가 대상 영속성 개념의 성취와 관련이 있다(Gopnik & Choi, 1990).

하나의 단어만을 발화하던 아동이 어느 시점이 되면 두 단어를 조합하기 시작한다. 아동이 발화하는 두 단어 조합은 행위자, 행위, 수여자와 같은 의미적 관계로 구성되어 있음을 볼 수 있다. 바우어먼(Bowerman, 1982)은 아동의 초기 언어가 행위자, 행위, 수여자와 같은 의미 범주에 기초한다고 주장하며 인지적 의미가 언어발달에 선행됨을 제안하였다. 예를 들어, 아동이 '엄마 밥'이라고 말한 경우를 생각해 보자. 이 아동은 생물체가 무생물에 어떤 영향을 줄 수 있다는 것을 인지하였기에 생물체를 행위자(예: 엄마)의 위치에 무생물을 목적(예: 밥)의 위치에 놓는 조합을 구성할 수 있었을 것이다. 이 아동은 자신이 성취한 인지적 내용을 바탕으로 단어를 조합한 것이다. 또한 생물체가 어떤 행위를 할 수 있다는 것을 인지하면서 아동은 생물체를 행위자(예: 엄마)에, 그다음에 행위(동사)(예: 먹어)를 놓는 순서를 구성하기도 한다. 아동의 인지가 확장되고 정교화되면서 아동이 발화하는 단어의 조합은 3개 또는 그 이상으로 확장된다. 또한 명사구, 동사구 등의 추상적인 문법 범주들은 이러한 의미 범주가 재조직화되면서 출현한다. 과거나 복수를 나타내는 형태소 습득도 그 형태소가 부호화하는 의미적 특성을 이해하고 나서 가능하다(Slobin, 1979).

하지만 인지발달이 언어발달에 근거가 된다는 주장은 언어발달이 일반적인 인지발달과의 독립되어 일어난다는 주장에 의해 비판을 받는다. 그 대표적인 이론으로는 촘스키(1975)나 포더(Fodor, 1983)가 주장한 단원성 이론(modularity theory)을 들 수 있다. 단원성 이론에 따르면 이 세상에 대한 표상은 진화 과정에서 형성된 생득적 구조(innate structure) 또는 단원(module)에 의해 만들어진다. 외부에서 들어오는 입력자극(input)은 이미 존재하는 단원을 불러내는(trigger) 역할을 담당하고, 이렇게 불러낸 단원들이 입력자극의 표상을 창출한다(Fodor, 1983). 포더(Fodor, 1983)는 이러한 단원이 유전적으로 미리 정해져 있고, 독립적인 기능을 하는 특수한 목적을 가지고 있는데, 언어는 마음을 구성하는 독립된 단원 중 하나라고 주장한다. 보다 구체적으로 촘스키(1975)는 언어 단원이 가지는 특징을 다음과 같이 기술하였다.

- 언어 단원의 특성을 결정짓는 원리는 다른 영역의 특성을 결정 짓는 원리와는 다르다.
- 언어 단원에 작용하는 원리들은 고유한 생물학적 기반을 가지고 있다.
- 언어가 가지고 있는 독특한 성격은 다른 영역의 일반적인 학습 원리로는 설명할 수 없다.

이처럼 언어가 독립된 단원이라는 주장에 대한 지지 증거는 인지 능력은 손상되었지만 언어 능력의 결함이 상대적으로 적은 사람들에게서 찾아볼 수 있다. 예를 들어, 지적장애를 보이는 윌리엄스 증후 군 아동들은 다른 지적장애와는 달리 문법적으로 복잡한 문장을 말하고, 풍부한 어휘를 사용하고, 전체적으로 통합된 이야기를 구사한다 (Hoff, 2017). 또한 야마다(Yamada, 1990)는 언어 능력과 비언어적 인지 능력 사이에 심한 대비를 보이는 지적장애인 로라(Laura)의 사례를 보고하였다. 로라는 인지 과제에서는 심각한 결함을 보였으나 언어 능력은 인지 능력에 비해 상대적으로 적은 손상을 보였다. 이러한 사례들은 언어가 인지와는 독립된 능력임을 보여 준다. 인지를 바탕으로 언어가 발달된다는 피아제의 주장은 비고츠키의 주장과도 대비된다. 비고츠키 이론에 대해서는 다음 절에서 상세하게 살펴보기로 한다.

2) 비고츠키 이론

비고츠키(1962)는 피아제와 마찬가지로 구성주의자로 알려져 있는데, 그는 피아제와는 달리 언어와 인지는 발생학적으로 다른 뿌리에서 시작된다고 주장하였다. 서로 다른 근원을 가지는 언어와 인지는 생의 초기에는 각각 독자적으로 발달하다가 특정 시기가 되면서 서로 만나게 되어 상호의존적인 발달을 하게 된다. 비고츠키가 주장한 발달 단계를 구체적으로 살펴보면 다음과 같다.

첫 번째 단계인 초보적 언어 단계(0~2세)는 인지 이전의 언어, 언어 이전의 인지에 해당되는 원시 단계로서 언어와 인지가 만나지 않은 상태에 있다. 이 시기에는 인지발달이 일어나기 전에 언어의 사회적 기능이 출현한다. 진정한 언어가 아니지만 여러 가지 수단을 통해 사회적 상호작용이 이루어진다. 아기들은 말소리에 대한 사회적 반응, 웃음을 통한 사회적 접촉, 분절되지 않은 소리나 신체 동작 등을 통해 사회적 상호작용을 한다. 또한 언어발달이 일어나기 전이지만 인지 능력도 출현한다. 예를 들어, 도구 사용과 관련된 사고가 출현한다.

두 번째 단계인 외적 언어 단계(2세경)가 되면 비로소 언어와 인지가 만나게 된다. 이 단계에서 언어는 인지발달을 도와주고 인지는 언어로 표현되는 상호적인 관계를 맺기 시작한다. 이 시기에 아동은 단어의 상징 기능을 인식하기 시작하고 단어에 대한 강한 호기심을 보이며 "이건 뭐야?"와 같은 질문을 많이 한다. 또한 사용하는 어휘도 급격하게 증가하고 의사소통을 위한 외적 언어인 사회적 언어(예: 안녕)가 나타나기 시작한다. 특이한 점은 문법 규칙과 구조에 담겨 있는 논리적 조작을 이해하기 전에 그 규칙과 구조를 사용하는 경우도 출현한다는 것이다. 그리하여 인과관계나 시간개념을 충분히 이해하기 전에 '왜냐하면' '만약' '언제'와 같은 단어를 사용하기도 한다.

세 번째 단계는 혼잣말(private speech) 단계(3~6세)이다. 아동은 상대방에게 하는 말이 아닌 혼자 중얼거리는 말을 한다. 피아제도 혼자서 말을 하거나 둘 이상이 마주 앉아 말을 주고받는 경우에도 진정한 대화가 아닌 각자가 하고 싶은 말을 하고 있는 상황을 지적한 바 있다. 피아제(1926)는 이러한 발화 양상이 자기중심성에서 비롯되는 자

기중심적 언어라 명명하고, 이러한 자기중심적 언어를 비논리적이고
전조작적 개념을 가지고 있는 전조작기 아동의 특성을 반영하는 것으
로 보았다. 하지만 비고츠키는 혼잣말을 피아제와는 다르게 해석하
였다. 그는 이 시기에 출현하는 혼잣말이 자기 행동을 통제하는 기능
이 있다고 주장하였다. 아동은 혼잣말을 통해 자신이 목표로 삼은 행
동을 달성하려 한다는 것이다. 목표가 중요하거나 목표 달성에 장애
물이 있을 때 혼잣말이 급증하는 경향이 있는데 이러한 현상 역시 혼
잣말의 자기 통제의 기능을 보여 준다 하겠다. 이 시기에는 인지와 관
련하여서도 외적 신호를 주로 사용하는 것을 볼 수 있다. 기억을 해야
하는 과제에서 아동은 손가락으로 세기와 같은 외적인 기억 보조수단
을 사용하여 기억한다.

　네 번째 단계는 내적 언어(inner language) 단계로서 외적 조작이 내
면화되는 단계이다. 이때가 되면 머릿속으로 셈을 하고, 논리적 기억
을 사용한다. 또한 혼잣말은 인지 기능이 성숙됨에 따라 개인 내적으
로 들어가 언어적 사고를 구성한다. 즉, 혼잣말이 사고로 내면화되어
내적 언어가 된다. 내적 언어는 소리 없는 언어 형태로서 논리적·상
징적 사고를 하는 데 중요하다. 이처럼 비고츠키는 언어와 인지와의
관계가 독립적으로 출발하고, 어느 시점 후에 이 둘의 발달은 상호보
완적으로 촉진될 수 있다고 생각했다. 이런 측면에서 피아제의 인지
선행설을 반대하였다.

4. 사회적 상호작용 접근

사회적 상호작용 접근에서는 인간은 사회적 동물이라는 명제를 중요하게 생각한다. 그리하여 이 접근에서는 인간 언어가 사회적 관계에서 의사소통 기능을 한 결과로 출현한다고 본다(Bates & MacWhinney, 1982). 그리하여 인간 언어의 복잡한 문법 구조는 언어의 의사소통적 기능을 충족하는 과정에서 출현했을 것으로 가정한다. 아동은 다른 사람과 의사소통을 하는 상호작용 과정에서 언어를 습득하게 된다. 아동이 구사하는 언어는 환경에서 들어오는 언어 입력자극과 아동이 상호작용한 결과로 나타난다. 이 접근에서는 언어적 역량(linguistic competence)에 차례 주고받기(turn-taking), 상호 시선 맞추기(mutual gaze), 함께 주의하기(joint attention), 맥락, 문화적 관습과 같은 비언어적 상호작용까지도 포함한다. 이 접근에서는 언어발달이 시작되기 전부터 나타나는 이러한 비언어적인 상호작용이 언어의 싹이 된다고 본다.

사회적 상호작용 접근은 생물학적 성숙과 환경의 역할을 모두 강조한다는 점에서 생득주의와 행동주의의 가정 중 일부를 공유한다. 생득주의와 마찬가지로 아동의 언어발달을 문법 규칙을 찾아내서 적용하는 과정으로 설명하지만, 생득주의와는 달리 언어의 의사소통적 기능을 강조한다. 또한 생득주의와 마찬가지로 언어습득이 생물학적 체계의 성숙을 필요로 한다고 가정한다. 하지만 언어습득에서 나타나는 보편성이 보편문법(UG)이나 언어습득장치(LAD) 때문이 아니라, 서서히 성숙하는 대뇌 발달 때문으로 생각한다. 다른 한편, 이 접근에서는 행동주의와 마찬가지로 언어발달에서 환경을 중요하게 생각하고 특히 모방의 역할을 강조한다. 하지만 행동주의와는 달리 아동들이 성인의 말을 앵무새처럼 모방한다고 생각하지는 않는다. 오히려 아동은 모방을 통해 자기가 가지고 있는 언어 규칙을 검증한다고 본다. 언어발달 초기에 아동은 성인이 발화하는 문장 중 일부만을 모방하는 경우가 그 증거이다. 아동은 자신이 들은 문장 전체가 아니라 그 문장 중 일부만을 모방하는 경향을 보인다. 예를 들어, 엄마가 아동에게 "문을 연 사람이 삼촌이야."라고 했을 때, 아동은 "문 연 사람"이라고 부분만을 모방하여 발화한다. 사회적 상호작용 접근에서는 이것을 자신이 갖고 있는 문법 규칙을 검증하기 위한 과정으로 본다. 이렇게 부분적으로 모방하는 아동의 말은 엄마와의 대화를 통해 확장될 수 있다. 이러한 예에서 엄마가 "그래, 삼촌이 문을 열었어."라고 말해 준다면, 이것은 아동에게 확장된 문장 형태를 접할 수 있게 해 주고, 이와 같은 상호작용을 통해 아동은 확장된 표현을 배우게 된다.

아동이 이와 같은 상호작용을 통해 문법 규칙을 습득하기에 이 입장에서는 규칙 학습을 도와주는 특정한 경험이나 훈련이 필요하다고 생각한다. 따라서 아동의 언어발달에서 적절한 언어 경험을 제공하는 엄마 또는 양육자의 역할이 중요하다. 영아기 때부터 엄마는 자신의 자녀에게 많은 말을 들려주면서 시간을 함께 보낸다. 엄마는 아동에게 말할 때에는 성인에게 말할 때보다 훨씬 과장된 어조로 단순화된 문장을 사용하는 경향이 있다. 이러한 엄마 말은 초기에는 아기 말투(motherese)라 불리었는데(Snow, 1972), 최근 들어 아동지향적 말 (Child Directed Speech: CDS)이라는 용어로 대치되었다. 엄마들이 발화하는 아동지향적 말은 정상적인 언어발달을 촉진시키는 것으로 알려져 있다. 퍼로우, 넬슨과 베네딕트(Furrow, Nelson, & Benedict, 1979)는 엄마가 아동에게 짧고 간단한 말을 하는 것이 길고 복잡한 말을 하는 것보다 아동의 언어발달을 촉진시킨다고 보고하였다. 이처럼 엄마의 아동지향적 말이 중요하다면, 처음 말을 배우는 아동에게는 단순한 언어를 들려주다가, 아동이 성장하면 보다 복잡한 구조를 가진 언어를 들려주는 것이 필요할 것이다.

이 접근에 대한 비판은 주로 언어발달에서 아동지향적 말의 특성에 대해 제기되었다. 이러한 비판을 하는 사람들은 아동지향적 말에서 높은 비율을 차지하는 명령문이나 의문문은 긍정문이나 서술문보다 통사적으로 더 복잡하다는 점을 지적하며 아동지향적 말이 정말 간단한 말인지에 대해 의문을 제기하였다(Gleitman, Newport, & Gleitman, 1984). 다시 말해, 아동지향적 말이 성인에게 하는 말보다 일반적으로 짧을지는 모르지만 더 단순한 언어라고는 볼 수 없다는 것이다. 더 나아가, 단순한 말이 언어발달을 반드시 촉진시키는 것은 아니라고 주장하였다(Gleitman et al., 1984; Newport, Gleitman, & Gleitman, 1977). 호프 긴즈버그(Hoff-Ginsburg, 1986)는 엄마의 아동지향적 말의 복잡성이 아동의 언어발달과 별다른 관계가 있지 않음을 보고하였다. 아동지향적 말에서 나타나는 단순화의 정도가 아동

의 언어발달을 직선적으로 예언하지 못한다는 것이다. 또 다른 비판
으로는 언어습득 초기에 일어나는 의사소통이 상징이나 언어 구조
의 습득을 설명하는 것이 어렵다는 점을 들기도 한다(Owens, 2001).
더 나아가, 글라이트만, 뉴포트와 글라이트만(Gleitman, Newport, &
Gleitman(1984)은 어떤 종류의 언어적 환경이 어떤 종류의 학습절차
를 도와주는지를 밝히지 않은 채 엄마 말의 어떤 특성이 학습에 도움
을 주는지를 논의하는 것은 부적절하다고 주장한다. 언어가 환경에
서 주어지는 경험에 의해 학습되지만 언어 자극을 어떻게 구조화하고
이용하는지에 대한 아동 자신의 성향도 간과되어서는 안 된다는 것이
다. 아동은 환경에서 자신이 사용할 것을 선택하고 그것을 언제, 그리
고 무엇을 위해 사용할지도 선택하기 때문이다.

이 장에서는 언어발달을 접근하는 네 가지 이론의 기본 전제와 설명방법을
소개하고, 각 이론이 갖고 있는 제한점을 살펴보았다. 첫째, 행동주의 접근에
서는 고전적 조건형성, 조작적 조건형성, 사회학습이론이라는 틀 안에서 언
어적 행동을 설명한다. 이 접근에서는 인간의 생득적인 능력을 인정하지 않고
오로지 언어 환경에서 갖게 되는 경험에 의해 언어가 발달한다고 주장한다.
그리하여 이 접근에서는 언어 학습에서 모방이나 강화와 같은 학습기제의 역
할을 강조하였는데, 이것이 비판의 대상이 되었다. 실제 아동의 언어 자료를
살펴보았을 때 모방이나 강화가 생각만큼의 역할을 하지 않는다는 것이다. 둘
째, 생득주의 접근에서는 행동주의 접근과는 전적으로 대립되는 주장을 한다.
언어발달이 생득적인 언어 능력에 기반을 두고 진행되며 환경에서의 경험은
내재되어 있는 언어 능력을 촉매해 주는 역할만을 한다는 것이다. 이 접근에

서는 언어습득장치 또는 보편문법이라는 생득적으로 갖고 태어난 생물학적 언어 능력을 제안하였는데, 이러한 생물학적 언어 능력의 신경학적 증거를 찾을 수 없다는 점이 비판이 되고 있다. 또한 이 접근에서는 언어의 여러 수준 중 통사 습득만을 다루고 있다는 점도 비판이 되고 있다. 셋째, 구성주의 접근에서는 언어발달이 생득적인 능력이나 학습 어느 하나에 전적으로 의존하는 것이 아니라 아동이 환경과 끊임없이 상호작용함으로써 갖게 되는 결과라고 주장한다. 하지만 언어와 인지와의 관계에 대한 생각은 구성주의자들 사이에서도 일치되지 않는다. 피아제 이론에 기반을 둔 구성주의자들은 인지 선행설을 주장하며 언어발달은 인지발달의 결과로 나타나는 것이라고 주장한다. 하지만 이러한 주장은 언어의 단원성을 주장하는 촘스키나 포더에 의해 비판을 받는다. 또한 다른 구성주의자인 비고츠키의 견해와도 대립되는데, 비고츠키는 언어발달과 인지발달은 서로 다른 뿌리에서 출발하고 일연의 단계를 거치면서 서로 영향을 주고받게 된다고 주장한다. 넷째, 사회적 상호작용 접근에서는 생물학적 성숙과 환경의 역할을 모두 강조한다. 이 접근에서는 언어가 사회적 상황에서 의사소통적 기능을 한 결과로 출현하였다고 보기에 언어적 경험을 제공하는 양육자의 역할을 중요하게 생각한다. 그리하여 이 접근에서는 아동지향적인 말이 언어발달을 촉진시킨다고 주장하는데, 이 주장이 비판이 되고 있다. 아동지향적 말이 성인이 구사하는 말보다 구조적으로 더 단순하지 않을 수 있고, 또한 아동지향적 말의 복잡성이 언어발달과 별다른 관계를 보이지 않을 수도 있다는 것이다.

04 _

언어발달과정

아동의 언어발달은 매우 빠르게 진행되는 경이로운 과정이다. 6~7개월경에 옹알이를 시작하고 1년 정도에 첫 단어를 발화하기 시작한 아동은 4세경에 성인의 언어 수준에 준할 정도의 성취를 이룬다. 이 장에서는 이러한 언어발달 과정을 음운 발달, 어휘 발달, 문법 발달의 세 가지 하위 영역으로 나누어 살펴보고자 한다.

아동은 태어나서 1년 정도 지나 첫 단어를 발화하기 시작하여 6개월 정도가 지나면 50여 개의 단어를 구사하게 된다. 이 시점을 지나면서 아동의 어휘는 놀랄 만큼 빠른 속도로 증가하는 동시에 언어의 구조에도 많은 변화가 나타나기 시작한다. 단순히 하나의 단어를 발화하던 것에서 두 단어를 조합하고, 더 나아가 세 단어 이상을 결합하기 시작한다. 그 이후 아동 언어는 성인의 문법에 견줄 만한 복잡한 통사구조를 보이면서 급속도로 발달하게 된다. 이 장에서는 이러한 언어발달과정을 음운 발달, 어휘 발달, 문법 발달의 세 가지 하위 영역으로 나누어 살펴보고자 한다.

1. 음운 발달

1) 언어 이전 음운 발달

(1) 음운 지각

음성언어는 소리를 통해 의미를 전달하는 체계이다. 언어를 구사하기 위해서는 소리를 들을 수 있어야 한다. 소리를 듣는 능력은 태내에서부터 가능하다. 태아는 6~7개월이 되면 자궁 내에서 소리를 듣기 시작한다. 심장박동을 측정한 신경생리적 지표는 태아가 자궁 내에서 말소리를 들을 수 있음을 보여 준다(Fifer & Moon, 1995; Lecanuet, Cranier-Deferre, & Bushnell, 1989). 파이퍼와 문(Fifer & Moon, 1995)은 태아에게 말을 건네기 전에 태아의 심장박동을 측정하였다. 그 후 엄마에게 "아가야 안녕? 오늘은 어때?"라는 말을 건네게 하였다. 엄마가 태아에게 이 말을 하면서 태아의 심장박동을 측정할 때 태아의 심장박동이 줄어들었다. 반면에 엄마가 아무 소리를 내지 않을 때에는 태아의 심장박동이 원래 수준에 머물러 있었다. 이와 같은 심장박동 수에서의 차이는 태아가 엄마 목소리를 들을 수 있으며 그 목소리에 주의를 하고 있음을 보여 준다. 태아는 단순히 소리를 듣는 것뿐만 아니라 소리의 패턴도 구별한다. 르카뉘에, 크레니에 데페르와 부쉬넬(Lecanuet, Cranier-Defferre, & Bushnell, 1989)은 'babi'라는 소리를 들려주었을 때 태아의 심장박동이 감소함을 발견하였다. 하지만 같은 단어를 반복해서 들려주면 태아의 심장박동 수는 정상 수준으로 돌아갔다. 그 후 소리의 패턴을 'biba'로 바꾸어서 들려주었다. 이때 심장박동 수가 다시 감소하는 것을 볼 수 있었다. 이러한 연구결과들은 태내에서부터 소리를 들을 수 있고, 더 나아가 소리의 패턴까지도 구별할 수 있음을 보여 준다.

태아가 태내에서 들었던 소리를 출생 후까지 기억한다는 연구결과도 있다. 디캐스퍼와 스펜스(DeCasper & Spence, 1986)는 7개월 된 태아에게 동화책의 일부 구절을 매일 두 번씩 출산 전까지 반복적으로 읽어 주었다. 이 아기들이 태어난 후 3일 내에 두 집단으로 나누어 젖꼭지 빠는 속도를 측정하였다. 한 집단의 아기들에게는 태내에서 들었던 동화책을 읽어 주었고, 다른 집단의 아기들에게는 새로운 동화책을 읽어 주었다. 그 결과, 태내에서 들었던 동화책을 읽어 준 집단의 아기들은 기저 수준보다 더 빨리 젖꼭지를 빨았다. 반면에 새로운 동화책을 읽어 준 집단의 젖꼭지 빠는 수준은 기저선과 차이가 없었다. 이러한 결과는 아기들이 태내에서 들었던 동화를 기억한다는 것을 보여 주는데, 여기서 주지할 것은 동화책의 내용을 기억하는 것이 아니라 동화책에서 들었던 소리의 음향적 단서를 기억한다는 것이다. 또한 신생아는 엄마 목소리와 낯선 사람의 목소리를 구별한다. 디캐스퍼와 파이퍼(Decasper & Fiper, 1980)는 태어난 지 3일이 채 되지 않은 아기들에게 엄마 목소리와 낯선 사람의 목소리를 들려주고 아기들의 젖꼭지 빨기 속도를 비교하였다. 아기들은 낯선 사람의 목소리를 들을 때보다 엄마 목소리를 들을 때 젖꼭지를 더 많이 빨았다. 이러한 결과는 아기들이 출생 직후부터 엄마 목소리와 낯선 사람의 목소리를 구별할 수 있을 뿐만 아니라 엄마 목소리를 선호한다는 증거로 해석되었다. 아마도 태아가 엄마 목소리를 태내에서 계속 들었던 경험이 이러한 결과에 영향을 미쳤을 것이다.

음성언어를 구성하는 최소의 단위는 말소리(speech)이다. 말소리를 구별하는 능력은 매우 일찍부터 나타난다. 인간은 태어날 때부터 언어의 말소리에 특히 민감하다고 한다. 태어난 지 10일도 안 된 신생아가 언어가 허용하는 범위의 소리 주파수에 특히 민감한 반응을 보이고, 말소리가 끊어질 때마다 입 주변의 근육을 움직이는 경향을 보이는 것이 이러한 주장에 대한 증거일 것이다(Condon & Sander, 1974). 더 나아가, 말소리에 맞추어 근육을 움직이는 현상이 자기 모국어에 대해서만 나타나는 것이 아니라 다른 언어에 대해서도 나타났다. 예를 들어, 중국어를 전혀 들어 보지 못했던 영어권의 신생아에게 중국어를 들려주었을 때에도 이와 같은 근육 움직임이 나타났다. 그러나 언어가 아닌 소리, 예를 들어 '똑똑' 두드리는 소리에는 이 같은 반응을 보이지 않았다. 인간은 말소리와 다른 소리를 구별하는 능력을 태어날 때부터 가지고 있을지도 모른다.

말소리를 표상하는 최소 단위는 음소이다. 이러한 음소 구별이 생의 초기부터 가능하다는 결과가 보고되었다. 아이마스, 시크랜드, 쥐시크와 비고리토(Eimas, Siqueland, Jusczyk, & Vigorito, 1971)는 1~4개월 사이의 영아들이 유성음 /b/와 무성음 /p/를 구별하는지를 검증하였다. 이들은 습관화 패러다임(habituation paradigm)에 기반을 둔 고진폭 빨기 기법(high amplitude sucking technique)을 사용하였다. 습관화 패러다임은 영아 연구에서 많이 쓰이는 방법으로 동일한 자극에 반복적으로 노출되면 그 자극에 대해 싫증을 느끼고 새로운 자극을 선호하는 아기들의 성향을 이용한다. 고진폭 빨기 기법에서는 특별히 제작된 고무젖꼭지를 영아에게 물려 주고 평소에 젖꼭지 빠는 속도(기저선)를 측정한다. 그다음에 영아에게 특정한 소리를 들려주면서 빠는 속도를 측정한다. 이때 영아는 새로운 소리에 흥미를 느껴서 젖꼭지를 더 열심히 빨게 될 것이다. 이 소리는 일종의 강화자의 역할을 하며 영아의 젖꼭지 빠는 행동을 증진시켜 준 것이다. 하지만 이 소리를 반복해서 들려주면 영아의 젖꼭지 빠는 속도가 점차 감소된다(습관화). 소리가 반복되면 영아는 그 소리에 흥미를 잃게 되고, 결과적으로 그 소리는 강화자의 역할을 할 수 없게 된다. 젖꼭지 빠는 속도가 처음보다 50% 감소되었을 때 새로운 소리를 들려준다. 이때 영아의 젖꼭지 빠는 속도가 다시 증가하는데(탈습관화), 이는 영아가 두 소리의 차이를 감지하였음을 보여 준다. 아이마스 등은 이러한 기법을 사용하여 영아들이 /b/와 /p/를 구별하는지를 검증하였다. /b/와 /p/를 구별해 줄 수 있는 기준은 음성개시시간(Voice Onset Time: VOT)인데, 음성개시시간은 소리를 만들 때 공기가 입술을 통과할 때부터 성대가 진동할 때까지 걸리는 시간이다. 음성개시시간을 0ms, 20ms, 40ms, 60ms 등으로 인공적으로 합성하여 성인들에게 제시했을 때 성인들은 음성개시시간이 25ms 이하의 소리는 /b/로 듣고 음성개시시간이 40ms 이상인 소리는 /p/로 지각하였다. 일정 범주의 소리를 동일한 소리로 지각했던 것이다. 이 연구자들은 이러한 기준을 토대로 1~4개월 사이의 영아들에게 인공적으로 합성된 소리를 들려주며 젖꼭지 빨기 속도를 측정하였다. 한 조건에서는 음성개시시간이 20ms인 소리를 들려주었다. 이 소리는 /b/로 들릴 것이다. 영아들이 이 소리를 처음 들으면 이 소리에 흥미를 갖게 되어 젖꼭지를 빨리 빨게 된다. 그러나 같은 소리를 계속 들려주면 영아들은 /b/ 소리에 대해 흥미를 잃게 되어 젖꼭지 빠는 속도를 점차 감소시킨다. /b/ 소리에 습관화된 것이다. 빠는 속도가 50% 감소되었을 때 실험자는 음성개시시간이 40ms인 소리를 들려주었다. 이 소리는 습관화된 소리와 음성개시시간이 20ms 차이가 나는데 이 소리는 /p/로 들린다. 이렇게 소리를 바꾸어 제시했을 때 영아들의 젖꼭지 빠는 속도가 다시 증가하였다. 이러한 결과는 영아들은 /b/로 들리는 소리와 /p/로 들리는 소리를 구별하였음을 보여 준다. 다른 조건에서는 영아들에게 음성개시시간이 20ms인 소리(/b/)에 습관화시킨 다음, 음성개시시간이 0ms인 소리를 들려주었다. 음성개시시간이 0ms인 소리는 습관화된 소리와 20ms의 차이를 갖고 있지만 여전히 /b/로 지각된다. 이조건에서 영아들의 빨기에는 변화가 없었다. 음성개시시간이 변화하였어도 이 두 소리는 /b/로 들리기 때문에 탈습관화가 일어나지 않은 것이다. 이러한 결과는 적어도 두 가지 사실을 시사해 준다. 그 하나는 1개월 된 영아들도 /p/와 /b/와 같은 음소를 구별할 수 있음을 보여 준다. 또 다른 하나는 1개월 된 영아들도 성인들처럼 말소리를 범주적으로 지각하고 있음을 보여 준다.

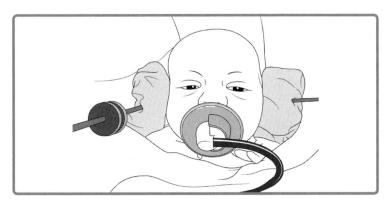

[그림 4-1] 고진폭 빨기 기법

　그리하여 말소리(음소) 지각 발달과 관련하여서는 상식적인 발달의 방향과는 다른 주장이 제기되었다. 쿨(Kuhl, 1993)은 영아들은 모든 언어에서 사용되는 음소를 구별하는 능력을 생득적으로 가지고 태어

난다고 주장하였다. 생득적으로 가지고 태어난 음소 구별 능력은 모
국어를 경험하면서 자신의 모국어를 구성하는 음소만을 구별하도록
조율된다. 그리하여 6~12개월 사이에 모국어에 없는 음소 변별 능
력은 점차 감소되고, 대신 모국어에 있는 음소 변별 능력은 증진된다
(Kuhl, Stevens, Hayashi, Deguchi, Kiritani, & Iverson, 2006). 예를 들어,
일본어에는 /l/과 /r/의 구별이 없다. /l/과 /r/로 시작하는 음절을 미
국 성인과 일본 성인에게 제시하고 이 두 음절 간의 유사성을 평정하
도록 하였을 때 미국인들은 /l/과 /r/을 별도의 범주로 묶어서 지각하
는 반면에 일본인들은 그렇지 않았다(Iverson, Kuhl, Akahane-Yamada,
Diesch, Tohkura, Kettermann, & Siebert, 2003). 동일한 소리로 지각했던
것이다. 하지만 아이마스 등의 실험 절차와 비슷한 방법으로 일본 아
기들이 'la'와 'ra'를 구별하는지를 살펴보았을 때 6~8개월 된 일본 아
기들도 'la'에서 'ra'로 바뀔 때 젖꼭지를 더 빠르게 빨았다. 미국 아기
들과 별다른 차이를 보이지 않았다. 일본 아기들은 자기 모국어에 없
는 음소까지 변별하였던 것이다. 아이버슨과 쿨(Iverson & Kuhl et al.,
2003) 등은 이러한 결과를 다음과 같이 설명하였다. 일본인들도 태어
날 때에는 /l/과 /r/을 구별할 수 있었으나, 자라면서 /l/과 /r/ 소리를
경험할 기회가 없었기 때문에 이 두 소리를 구별할 수 있는 능력이 사
라졌다는 것이다. 이처럼 인간은 태어날 때에는 인간 언어가 허락하
는 모든 소리를 구별해 낼 수 있으나 특정 언어 환경에서 자라면서 자
기 모국어에 없는 소리의 구분은 경험하지 못하여 그 변별 능력이 소
멸되었을 가능성이 있다.

⑵ 음운 산출

영아들은 태어나면서부터 울고, 재채기하고, 트림하는 것과 같은 여러 가지 소리를 낸다. 6~8주경이 되면 영아들은 행복하거나 만족할 때 '아아아아~~'와 같이 목 뒤에서 모음 같은 소리를 길게 이어서 내는데, 이것을 쿠잉(cooing)이라 한다. 3~4개월이 되면 영아들은 자신의 성대를 의도적으로 조절하는 것처럼 다양한 소리를 낸다. 이것은 마치 음성 놀이와 같다. 이 소리는 혼자 있을 때에도 또는 다른 사람과 상호작용할 때에도 출현하는데, 다른 사람이 반응을 보이면 발성이 더욱 활발해진다. 6~7개월경에 영아들은 언어 닮은 소리를 내기 시작한다. '다다다다' 또는 '나나나나'와 같이 자음과 모음이 결합된 음절이 반복적으로 출현한다. 이와 같은 음절로 구성된 소리를 '표준 옹알이(cannonical babbling)'라 한다. 정상적인 영아는 누구나 이 옹알이 단계를 거친다. 놀랍게도 청각장애 영아들은 성대를 이용한 옹알이뿐만 아니라 손을 통한 옹알이도 한다. 하지만 시간이 지날수

[그림 4-2] 청각장애 아동의 손 옹알이

록, 음성 옹알이는 줄어들고 손으로 신호를 보내는 옹알이가 주를 이루게 된다. 그리하여 표준 옹알이는 청각장애 아동과 청력이 정상인 아동을 구별해 주는 첫 번째 이정표가 되기도 한다(Hoff, 2017).

　8개월 정도가 지나면 영아들은 보다 다양한 모음과 자음의 조합(예: 마다마다)을 산출하게 되는데, 이것을 혼합 옹알이(variegated babbling)라 한다. 표준 옹알이가 주로 자음과 모음의 조합이 반복된다면, 그 후에 나타나는 혼합 옹알이는 다양한 소리가 조합되고 비반복적이고 운율이 두드러지는 특징을 보인다. 이 옹알이는 말소리와 비슷하고 말끝을 올리고 내리는 억양을 가지지만 의미를 전달하지 않는다. 이 단계가 지나면 영아들은 알아듣기 어려운 웅얼대는 소리(jargon) 연쇄를 산출하는데, 이 소리 연쇄에는 진정한 단어가 섞여 있기도 한다. 옹알이는 의미를 전달하고 있지 않기에 엄밀하게 언어라고 할 수는 없지만 음성언어발달에 초석이 된다. 아동은 옹알이를 하면서, 소리를 만들기 위해 입술을 어떻게 움직이고 혀는 어디에 두어야 하는지 등을 연습하는 것 같다. 옹알이는 점점 증가하다가 9개월에서 12개월이 되면 최고조에 달하게 되고, 의미를 알 수 있는 첫 단어가 산출되면서 사라지게 된다. 하지만 일부 아동들은 첫 단어를 산출하기 전 얼마 동안 옹알이를 하지 않고 조용히 있기도 한다. 이처럼 음성언어 산출 발달은 표준 옹알이, 다채로운 음절로 구성된 혼합 옹알이, 웅얼대는 소리로 진행되기도 하지만 표준 옹알이, 혼합 옹알이, 웅얼대는 소리가 병행적으로 나타나기도 한다.

　옹알이는 말을 하기 전에 왜 출현하는 것일까? 옹알이와 모국어의 말소리와는 어떤 관련이 있을까? 옹알이가 모국어 소리를 연습하는 것이라면 모국어의 영향을 받을 가능성이 있다. 이를 증명하기 위해 모국어를 능숙하게 구사하는 성인이 다른 나라 영아들의 옹알이를 구별할 수 있는지를 살펴보았다. 부와송-바르디, 사가르트와 듀란드(Boysson-Bardies, Sagart, & Durand, 1984)는 6개월, 8개월, 10개월 된 프랑스 영아, 아랍 영아, 중국 영아들의 옹알이를 녹음했다. 그리고 프랑스 영아의 옹알이와 아랍 영아의 옹알이, 또는 프랑스 영아의 옹알이와 중국 영아의 옹알이를 짝을 지어 프랑스 성인 화자에게 들려주고, 어느 것이 프랑스 영아의 옹알이인지 찾게 하였다. 프랑스 성인 화자들은 8개월 된 영아의 옹알이 녹음을 들었을 때 70% 정도 정확하게 프랑스 영아의 옹알이를 찾아냈다. 프랑스 성인 화자는 프랑스 영아의 옹알이를 아랍이나 중국 영아의 옹알이와 구별해 낼 수 있었던 것이다. 훈련된 음성학자들은 6개월 된 영아의 녹음에서도 언어 간 차이를 찾아냈다. 소리의 차이를 더 예민하게 식별하였던 것이다. 하지만 흥미로운 것은 성인 화자들이 10개월 된 영아의 옹알이 구별을 더 어려워했다는 것이다. 부와송-바르디와 동료들은 이러한 현상을 다음과 같이 설명하였다. 영아들은 모국어 말소리 산출을 배우기 전에 모국어의 운율 산출을 먼저 배운다. 10개월 된 영아의 옹알이에는 자음 소리가 더 두드러지기 때문에 상대적으로 운율적 단서가 약화되어 나타난다. 그리하여 10개월 된 영아의 옹알이보다 8개월 된 영아의 옹알이가 운율적 특징을 더 많이 보였고 이러한 특성 덕분에 8개월 영아의 옹알이의 변별이 용이했을 것이다.

옹알이에 미치는 모국어의 영향을 살펴보는 또 다른 방법은 서로 다른 언어를 배우고 있는 영아의 옹알이에 모국어의 특징이 나타나는지, 또 나타난다면 어느 정도 나타나는지를 분석하는 것이다. 부와 송-바르디와 비만(Boysson-Bardies & Vihman, 1991)은 프랑스어, 영어, 일본어, 스웨덴어 등 각각의 언어권에서 자란 9개월 된 영아들의 옹알이의 소리 특성을 분석하였다. 이들은 언어 환경에 따라 영아의 옹알이에서 체계적인 차이가 나타나는지, 그리고 만약 차이가 있다면 이러한 차이가 각 언어의 음성학적 구조와 관련되는지를 살펴보았다. 이 영아들은 언어 보편적으로 순음(labials), 치음(dental), 폐쇄음(stop) 소리를 더 많이 사용하였다. 하지만 언어적 차이도 보였다. 일본과 프랑스 영아들은 스웨덴과 영국 영아들보다 콧소리를 더 많이 사용했는데 이것은 일본어와 프랑스어에 스웨덴어와 영어보다 콧소리가 더 많이 포함되어 있기 때문이었다. 따라서 영아의 옹알이에는 언어 보편성뿐만이 아니라 언어 특정성도 반영되어 있음을 알 수 있다.

2) 언어 이후의 음운 발달

(1) 단어 분절

언어발달의 첫걸음은 단어에 대한 인식으로 시작된다. 이는 단어를 찾아내서 그 의미를 이해하고 사용함을 의미한다. 아기들은 일상생활에서 연속되는 말소리의 흐름 속에서 살아간다. 아기들이 말을 듣는 상황에서 단어마다 쉼표를 찍어 줄 리도 없고, 문장마다 마침표를 찍어 줄 리도 없다. 아기들의 과업은 그토록 빠르게 흘러가는 언어의 흐름 속에서 그들 스스로 단어를 분절해 내는 것이다. 아기들은 어떻게 이토록 빠른 말소리의 흐름 속에서 단어를 찾아내고, 더 나아가 그 단어에 대한 의미를 부여할 수 있는가? 1996년에 이와 관련된 아주 흥미로운 연구가 소개되었다. 사프란, 애슬린과 뉴포트(Saffran, Aslin, & Newport, 1996)는 3개의 음절로 연결된 4개의 무의미 단어(예: tupiro, golabu, bidaku, padoti)를 만들었다. 이들은 8개월 된 아기들에게 이 4개의 단어를 무작위로 연결한 말소리 흐름을 2분 동안 들려주었다(예: *tupirogolabubidakupadotibidakugolabubidakutupiro*……). 그다음에 단어 조건에서는 단어를 들려주었는데, 여기서 단어(예: tupiro)는 친숙화 시행에서 들려주었던 단어들이었다. 비단어 조건에서는 비단어(예: bubida)를 들려주었다. 여기서 비단어는 친숙화 시행에서 들을 수 있는 소리 연쇄이었지만 두 단어의 음절 일부가 결합된 형태를 취한 것이었다. 검사 시행에서 영아가 양쪽에 있는 불빛 중 한 쪽으로 고개를 돌리면 그쪽에 있는 스피커에서 단어 또는 비단어를 들려주고, 영아가 고개를 다른 쪽으로 고개를 돌리면 단어 또는 비단어를 들려주는 것을 멈추었다. 이를 통해 영아가 단어 또는 비단어를 얼마 동안 들었는지를 측정할 수 있었다. 단어 시행과 비단어 시행을 여섯 번씩 총 열두 번 반복하였다. 그 결과, 영아는 단어보다 비단어를 더 오래 들었다. 영아는 친숙한 단어보다 새로운 비단어에 더 주목하였던 것이다. 사프란 등은 이 결과를 영아가 단어와 비단어의 전환 확률을 계산하여 이 둘을 구별하고 있다고 해석하였다. 단어를 구성하는 소리 연쇄에서 각 음절에서 다음 음절로의 전환 확률은 1.0이다. 예를 들어, 'tupiro'에서 'tu' 다음에 'pi'가 올 확률은 1.0이다. 또한 'pi' 다음에 'ro'가 올 확률 역시 1.0이다. 하지만 단어와 단어 사이의 경계에서의 전환 확률은 .33으로 떨어진다. 예를 들어, 'ro' 다음에 'go'가 올 수도, 'bi'가 올 수도, 'pa'가 올 수도 있다. 이처럼 영아는 한 음절 다음에 다른 음절이 올 빈도를 계산하는 통계적 학습을 통해 단어의 경계를 찾아냈던 것이다. 이러한 주장은 일상생활에서 접하는 언어에 적용해 보면 쉽게 이해할 수 있다. 아기들이 '엄마'라는 단어를 어떻게 분절해 낼 수 있을까? '엄마'라는 단어는 "엄마가 맘마 줄게." "엄마한테 올래?" "엄마 아야 해." "엄마 예뻐." 등 무수히 많은 표현 속에서 사용된다. 이때 '엄' 다음에는 항상 '마'가 온다. 하지만 '마' 다음에는 다양한 음절(예: '가' '한' '아' '예' 등)이 온다. 이런 소리의 흐름을 들을 때 아기들은 '엄' 다음에 항상 '마'가 오지만 '마' 다음에 오는 소리는 다양하다는 것을 알아채고 '엄마'라는 단어를 분절해 낼 수 있는 것이다. 사프란 등은 이러한 조건 확률을 계산해 내는 능력이 중요한 학습 기제인데, 이러한 학습 기제는 생의 초기부터 작동된다고 주장하였다.

또 다른 연구자들은 단어 분절과 관련하여 다른 학습 기제를 제안하였다. 이들은 영아가 단순히 통계적 학습 이상의 일을 한다는 것을 제안하였다. 마커스, 비자얀, 반디와 비슈턴(Marcus, Vijayan, Bandi, & Vishton, 1999)은 7개월 된 아기들에게 2분 동안 3개의 음절로 연결된 무의미 단어를 들려주었다. 이 단어들은 두 가지 패턴으로 구성되어 있었는데, 하나는 ABA 패턴(예: gatiga, linali)이었고, 다른 하나는 ABB 패턴(예: gatiti, linana)이었다. 친숙화 단계에서 한 집단의 영아들은 ABA 패턴의 소리 연쇄를 들었고 다른 집단의 영아들은 ABB 패턴의 소리 연쇄를 2분 동안 들었다. 그 후 검사 시행에서 영아에게 자기가 들었던 패턴과 동일한 패턴을 가지는 다른 소리 연쇄 또는 자기가 들었던 패턴이 아닌 다른 소리 연쇄를 들려주었다. 예를 들어, 친숙화 시행에서 ABA 패턴의 소리(예: gatiga)를 들려준 집단의 영아들에게는 동일한 패턴(ABA 패턴)의 다른 소리(예: wofewo) 또는 다른 패턴(ABB 패턴)의 다른 소리(예: wofefe)를 들려주고 영아들의 반응을 비교하였다. 그 결과, 같은 패턴의 소리보다 다른 패턴의 소리를 더 오래 들었다. 이 결과에서 주목할 점은 동일한 소리가 아니라 다른 소리로 구성된 동일 패턴에 대한 친숙화가 이러한 결과를 가져왔다는 점이다. 영아는 자기가 경험한 소리를 단순히 기억한 것이 아니라 소리 패턴을 구성하는 규칙을 찾아냈던 것이다. 이 규칙은 $y=ax+b$와 같은 공식으로 표출되는 대수적 규칙으로 표현될 수 있다. 마커스 등은 영아가 이러한 대수적 규칙을 찾아내는 학습 기제를 가지고 있다고 주장하였다. 이러한 연구결과들은 말소리 연쇄에서 내재된 전환 확률을 통계적으로 학습하는 기제나 상징 패턴의 규칙을 추출하는 학습 기제가 생의 초기부터 작동하는 강력한 단어 학습 기제임을 시사한다.

(2) 단어 산출

아동의 자발적인 산출을 연구하는 오래된 방법 중 하나는 아동의 발화를 관찰하여 일기 형식으로 기록하는 것이다(Darwin, 1877; Stern & Stern, 1907, Hoff, 2017에서 재인용). 이러한 방법은 최근에도 사용되고 있지만 녹음기나 비디오가 보급되면서 녹음된 소리를 직접 분석할 수 있게 되어 아동의 언어 산출에 대한 연구가 활발하게 수행될 수 있었다. CMU의 브라이언 맥휘니(Brian MacWhinney)와 하버드대학교의 캐서린 스노우(Catherine Snow)에 의해 개발된 아카이브인 CHILDES 에는 40여 개 이상의 단일 언어를 습득하는 아동의 자료뿐만 아니라 이중 언어습득 아동의 자료 및 다양한 언어 손상이 있는 아동의 임상 자료가 수록되어 있다. 음운 산출 연구들은 이처럼 공개된 자료를 사용하기도 하고 개별적으로 자신이 수집한 자료를 분석하여 음운 습득과 관련된 결과들을 보고하였다.

① 단어 산출에서 살펴본 음소 습득

생후 12개월경이 되면 영아는 첫 단어를 산출하기 시작한다. 아동의 첫 단어는 단음절이거나 2개 이상의 음절로 구성되어 있는데, 동일한 음절이 반복되는 경우가 많다. 단어를 구성하는 음소의 출현은 어떤 발음이 상대적으로 쉽거나 어려운지를 보여 준다. 레오나르드, 뉴호프와 메살람(Leonard, Newhoff, & Mesalam, 1980)은 첫 단어에서는 옹알이에서 흔하게 나타났던 /m/, /b/, /d/와 같은 소리가 자주 나타난다고 보고하였다. 호프(Hoff, 2017)는 영어 음소 습득을 다룬 연구결과들을 종합한 코어(Core, 2012)에 근거하여 음운 산출 순서를 보다 상세하게 정리하였다. 초기(약 2~3세 사이)에는 /p/, /b/,

/d/, /m/, /n/, /h/, /w/와 같은 소리가 산출되고, 중기(대략 3~4세 사이)에는 /t/, /k/, /g/, /f/가 산출된다. 4세 이후에 /v/, /ʧ/, /ʤ/, /j/, /θ/, /ð/, /s/, /z/, /ʃ/, /ʒ/, /l/, /r/와 같은 소리가 산출된다. 이상의 결과는 영어를 배우는 아동들에게서 나온 것이다. 하지만 한국어의 음운 발달 연구들은 음소 출현 순서에 대해 다소 다른 결과를 보고하고 있다(김민정, 배소영, 2005; 김영태, 1996). 한국어에서는 자음이 초성과 종성에 출현하기에 자음의 습득 순서가 초성과 종성에 따라 다르다. 여기서는 초성으로 습득된 자음의 순서를 중심으로 살펴보고자 한다. 김영태(1996)에 따르면 /ㅁ/, /ㅇ/, /ㅍ/이 가장 먼저 습득되고(대략 2~3세), 그다음에 /ㄷ/ 계열의 소리(/ㄷ, ㅌ, ㄸ/), /ㅂ/ 계열의 소리(/ㅂ, ㅃ/), /ㄴ/ 소리가 완전히 습득되었다(대략 3~5세). 그다음에 /ㅈ/ 계열의 소리(/ㅈ, ㅉ, ㅊ/)(대략 4~5세), 그다음에 /ㄱ/ 계열의 소리(/ㄱ, ㄲ, ㅋ/)(5~6세)와 /ㅅ/ 계열의 음소들(/ㅅ, ㅆ/)이 가장 늦게 습득되었다(6~7세). /ㄹ/은 5세경에 출현하기 시작하였으나 숙달에 더 오랜 시간이 걸리는 것으로 나타났다. 김민정과 배소영(2005)의 연구 결과는 김영태와 공통점도 있지만 다른 점도 있다. 이들은 김영태와 마찬가지로 /ㅍ/, /ㅁ/이 가장 어린 연령(2~3세)에 습득된다고 보고하였다. 하지만 김영태와는 달리 된소리들(/ㄸ, ㅃ, ㄲ/)과 /ㄴ/, /ㅌ/이 이 연령에 습득되는 것으로 보고하였다. 그다음에 습득되는 음소는 /ㄱ/, /ㄷ/, /ㅉ, ㅊ/, /ㅋ/, /ㅈ/이었다. 비교적 늦게 습득되는 음소는 /ㄹ/로서 5세 후반에 습득되고 /ㅅ, ㅆ/은 6세 이후에 습득된다고 보고하였다.

영어의 자료와 한국어의 자료를 종합해 보면 언어 보편적으로 가
장 먼저 습득되는 소리가 /m/, /p/와 같은 양순음임을 알 수 있다. 흥
미로운 것은 이 음소들이 많은 나라에서 엄마와 아버지를 지칭하는
음절에 포함되어 있다는 점이다. 야콥슨(Jakobson, 1981)은 세계 여러
언어에서 엄마와 아버지를 지칭하는 단어를 조사하여 '엄마'의 경우
에는 /m/을, '아버지'의 경우에는 /p/나 /b/와 같은 소리를 포함하는
경향이 있음을 보고하였다(Siegler & Alibli, 2005에서 재인용). 야콥슨
(1981)에 따르면, /m/은 입술이 젖가슴에 눌려 있을 때 낼 수 있는 소
리로서 이러한 소리를 통해 무엇인가를 요구하는 것이 용이하다. 따
라서 주로 자신의 요구를 충족시켜 주는 대상인 엄마를 /m/이 포함된
소리로 지칭하게 된 것은 자연스러운 일일 것이다. 그다음에 언어 보
편적으로 나타나는 소리들(예: /d/, /t/, /k/, /g/ 계열의 소리들)이 다소
차이를 보이면서 습득된다. 그리고 /s/나 /r/과 같은 소리는 가장 늦
게 습득된다. 아동이 처음 산출한 50개의 단어의 음운을 분석한 스토
엘-개몬과 쿠퍼(Stoel-Gammon & Cooper, 1984)는 아동이 초기에 산
출하는 단어는 발음하기 쉬운 것들일 가능성이 높다는 것을 보여 주
었다.

〈표 4-1〉 여러 언어에서 엄마와 아버지에 사용된 음소의 예

언어	엄마	아빠
영어	mama	dada
독일어	mama	papa
히브리어	eema	aba

북부 중국어	mama	baba
러시아어	mama	papa
스페인어	mama	papa
남부 중국어	umma	baba
대만어	amma	aba

출처: Siegler & Alibli(2005)에서 인용.

② 음운처리과정

앞에서 살펴본 것처럼 아동의 모국어 음운 산출은 일정 기간을 통해 완성되기에 어린 아동은 말소리 산출에 제한을 보인다. 정확하게 발음할 수 있는 음소도 있지만 정확하게 발음할 수 없는 음소들도 있다. 또한 동일한 음소라 할지라도 주변에 있는 음소에 따라 발음 정확도가 달라지기도 한다. 그리하여 어린 아동은 발음하기 어려운 음소들을 자신의 조음 능력에 맞추어 변화시켜 산출하는 경향이 있다. 그런데 흥미로운 점은 말소리를 변화시키는 방식이 다분히 체계적이라는 점이다. 이처럼 체계적으로 말소리를 변화시키는 방식을 음운처리과정(phonological process)이라 한다. 음운처리과정은 아동 말소리 습득에 기초를 제공하는데 언어적 보편성과 언어적 특정성을 모두 보인다. 즉, 언어 보편적으로 나타나는 처리과정도 있지만 언어의 특성에 따라 그 언어에만 고유하게 나타나는 처리과정도 있다. 영어권 아동과 한국어를 습득하는 아동의 말에서 다음과 같은 음운처리과정을 찾아볼 수 있다(김진우, 1999; 이기정, 1997; de Villiers & de Villiers, 1978; Dale, 1976).

1 대치과정(substitution process)은 특정 소리를 다른 소리로 바꾸어 소리 내는 현상으로 다음과 같은 변화과정을 보인다.

❶ 활음화: /l/이나 /r/과 같은 유음(流音)을 /w/이나 /y/ 같은 반모음으로 대치한다.
  예) 한국어: 라면 → 야면, 쵸꼬렛 → 쯔꼬예, 보리차 → 보이차[powicha]
      영어: rabbit→[wæbit], merry→[mɛwi], look→[wʊk]
❷ 파열음화: 마찰음(예: f, s 등)이나 파찰음을 파열음으로 대치한다.
  – 마찰음을 파열음으로 바꾸는 현상
    예) 한국어: 사람 → 타얌, 술 → 툴
        영어: sea→[tiː], fit→[pit], nose→[nod]
  – 파찰음이 파열음으로 바뀌는 현상
    예) 한국어: 모자 → 모다, 기차 → 기타, 이쪽 → 이톡
❸ 조음 위치를 바꾸는 현상
  예) 영어: shoes→[su], watch→[wats], key→[ti], cow→[tɑʊ]

2 동화과정(assimilation process)은 어떤 소리가 이웃한 소리의 영향을 받아서 닮아 가는 현상을 말한다. 순행 동화와 역행 동화가 있고, 처음 어절이 반복되기도 한다.

❶ 동화
  예) 한국어: 빨강 → 빵강, 나무 → 마무, 누구 → 누누, 없어 → 엇서
      영어: lamb → [næm], bunny → [mʌni], candy → [næni]
❷ 반복
  예) 한국어: 코끼리 → 코코, 새 → 네네, 아가 → 아아
      영어: bottle → [baba], water → [wawa], noodle → [nunu]

3 생략과정(deletion process)은 소리 또는 음절을 생략하는 현상을 말한다.

❶ 단어를 시작하는 자음 또는 자음군을 생략하는 경향이 있다.
  예) 한국어: 사탕 → 아탕 (자음 생략)
      영어: stop → [tɔp] (자음군 생략)

❷ 음절을 생략하는 경향이 있다(truncation).

   예) 한국어: 이모 → 모

      영어: tomato → [medo], beside → [saɪd]

❸ 단어의 마지막 자음을 생략하는 경향이 있다.

   예) 한국어: 내일 → 내이, 지하철 → 지하처

      영어: cat → [kæ]

❹ 음절 꼬리(coda)를 생략하는 경향이 있다.

   예) 한국어: 양말 → 야마, 전철 → 저처, 할아버지 → 하버지

[4] 첨가과정

   예) 한국어: 껌 → 꼼마, 오징어 → 오징거, 없잖어 → 없잖거, 연필 → 년피

      영어: blue → [bəlu], green → [gərin], bad → [bædə]

이와 같이 아동은 처음 단어를 발화하기 시작할 때에는 자기 나름의 음운처리과정을 적용하여 음운을 습득하지만 발달하면서 성인과 같은 음운 구조를 갖게 된다.

2. 어휘 발달

아동이 한 살 정도가 되면 '엄마' '아빠'와 같은 단어를 말하기 시작한다. 일반적으로 의미를 전달하는 단어가 산출되면 언어발달이 시작되었다고 말한다. 단어가 의사소통 수단으로 사용되기 시작한 것이다. 사실, 단어로 의사소통을 하기 전에도 다른 식의 의사소통은 존재했다. 예를 들어, 아동이 팔을 뻗어 무언가를 가리키며 웅얼웅얼 했

을 때에 엄마는 가리키기의 의미를 알아채고 아동의 요구를 들어준다. 하지만 이 가리키기 제스처에는 단어가 가지는 중요한 특성들이 결여되어 있다. 단어가 가지는 중요한 특성 중 하나는 그것이 상징이라는 것이다. 상징은 무언가를 나타내는 것이다. 예를 들어, 비둘기는 평화의 상징으로 지칭된다. 비둘기의 이미지는 평화라는 추상적 개념에 적용되어 평화라는 의미를 전달하는 매개 역할을 하게 된다. 즉, 상징은 그 이미지 뒤에 존재하는 어떤 것을 대변해 주는 것이다. 단어는 이러한 역할을 충실히 수행한다. 예를 들어, '강아지'라는 단어는 강아지라는 대상에 접목되어 강아지에 대한 총체적인 개념을 전달해 준다. 또한 단어에는 언어 기능의 핵심인 지시성(reference)이 포함되어 있다. 즉, 단어는 무엇인가를 지시하기 위해 사용되는 상징인 것이다. 아동은 어떤 대상, 행위, 사건 등을 지시하기 위해 어떤 단어를 사용하는지를 학습해야 한다. 다시 말해, 단어와 그것이 표상하는 대상이나 행위, 사건 간의 상징적 관계를 알아야 하는 것이다(Golinkoff, Mervis, & Hirsh-Pasek, 1994).

특정 개인이 알고 있거나 사용하는 모든 단어의 집합을 어휘(vocabulary)라 한다. 어휘 발달은 단순히 아동이 어떤 단어를 말하는지, 또 언제 그 단어를 말하는지를 기술하는 것이 아니다. 단어를 사용하게 해 주는 지식에 대한 발달이 포함된다. 왜 아동은 특정 단어를 먼저 배우는가? 또는 어떤 단어는 다른 단어에 비해 왜 쉽게 배울 수 있는가? 아동은 자신이 사용하고 있는 단어에 대해 무엇을 아는가? 이러한 질문에 답을 하기 위해서는 심성어휘집(mental lexicon)의 발달을 살펴볼 필요가 있다. 심성어휘집은 화자의 머릿속에 있는 단어 지식의 저장소이다. 이 저장소에는 각 단어가 어떤 소리로 구성되어 있는지, 그 단어는 어떤 문법 범주(예: 명사, 동사)에 속하는지, 그리고 어떤 의미를 담고 있는지와 같은 지식이 담겨 있다. 따라서 어휘 발달 연구자들은 심성어휘집에 있는 단어 지식에 근거하여 어휘 발달을 설명하고자 한다.

1) 초기 어휘의 특징

(1) 명사 편향성

아동들은 대체로 12~18개월 사이에 한 단어를 말하기 시작한다. 이때 주로 나타나는 단어는 '엄마' '아빠'와 같은 가족의 호칭이나 '멍멍' '야옹'과 같이 친숙한 동물의 이름, '맘마' '우유'와 같은 음식의 이름들이다. 이처럼 아동의 초기 어휘에는 주로 동물, 음식, 장난감 등의 이름이 주를 차지한다. 어휘 증가 속도와 관련하여서는 아동이 첫 단어를 말하기 시작한 직후에는 말하는 단어 수에서 별다른 변화를 보이지 않는다. 그 후 서서히 증가하여 6개월 정도 지나면 아동이 말하는 단어 수가 50개 정도에 달하게 된다. 아동이 말을 하기 시작하면서 50개의 단어를 사용하는 시점까지 아동의 어휘를 분석했을 때 높은 비율을 차지하는 것은 명사류였다(Bates, Marchman, Thal, Fenson, Dale, Reznick, Reilly, & Hartung, 1994; Benedict, 1979; Nelson, 1973). 50단어 시점까지의 어휘집에서는 Mommy, Daddy와 같은 특정 명사와 dog, milk와 같은 일반 명사가 60% 이상을 차지하였다(Benedict, 1979; Nelson, 1973). 반면에 give와 같이 행위를 표현하는 동사는 20%가 채 되지 않았다. 하지만 이러한 비율은 아동의 어휘집이 커지면서 달라진다. 아동이 습득한 어휘가 100단어 정도가 될 때까지는 명사가 증가하다가 그 이후에는 동사가 증가하면서 명사의 비율이 다소 감소된다.

한국어 아동의 어휘 발달에서도 초기에 명사가 증가하다가, 동사가 증가하면서 그 비율이 감소되는 현상이 보고되었다(장유경, 2004). 장유경(2004)은 50단어 시점에 30% 정도 차지하던 명사류의 비율이 100단어 시점이 되면 55%로 증가하다가 600단어 시점에는 40%로 감소한다는 것을 보고하였다. 이에 반해 동사는 100단어 시점에서 10% 차지하던 비율이 600단어 시점에 20%로 증가하였다. 이러한 결과는 초기 어휘에 명사가 지배적인 현상이 언어 보편적 현상임을 시사해 준다. 하지만 초기 어휘에서의 명사 지배적인 현상이 언어 보편적이 아니라는 주장이 제기되기도 하였다. 최와 고프닉(Choi & Gopnik, 1995)은 한국 아동의 초기 어휘에서는 명사보다 동사가 더 많이 출현되는데 이것은 한국어의 언어적 특성이 반영된 것이라고 주장하였다. 한국어는 영어와 달리 문장의 맨 끝에 동사를 놓는 SOV 구조를 가지는데, 이러한 언어적 특성 때문에 마지막에 위치하는 동사에 주의를 기울이게 되어 동사의 출현이 더 용이해졌다는 것이다. 하지만 이러한 주장은 반박되기도 한다. 장과 배(Chang & Pae, 2003)는 최와 고프닉이 동사로 분류한 기준에 문제를 제기하였다. 이들은 최와 고

프닉이 순수하게 행동을 지칭하는 동사(action verb) 외에 주의를 환기
할 때 사용하는 동사(예: 봐!)나 여러 종류의 상태 동사(예: 생각하다, 좋
아하다, 없다, 됐다, 많다 등)를 포함하였기에 동사 편향성을 보고하였
다는 점을 지적하였다. 이 동사들을 배제한다면 한국 아동의 어휘에
서도 동사보다 명사가 더 많이 나타난다고 주장하였다.

(2) 과잉확장과 과잉축소

아동이 처음 단어를 사용할 때 항상 성인과 같은 방식으로 사용하
지는 않는다. 아동은 단어를 실제 의미하는 것보다 더 좁은 의미로 사
용하기도 한다. 이것을 과잉축소(underextension)라고 한다. 예를 들
어, 아동이 '멍멍'이라고 할 때 이 단어는 자기 집에서 기르는 강아지
만을 지시하고 일반적인 강아지를 지시하지 않기도 한다. 과잉축소
는 과잉확장에 비해 적게 일어나고 알아채기가 용이하지 않아서 주목
받지 않은 채 지나가는 경향이 있다.

또한 아동은 단어를 실제 의미하는 것보다 더 넓은 의미로 사용하
는데 이것을 과잉확장(overextension)이라고 한다. 과잉확장은 아동이
처음 단어를 사용할 때 아주 흔하게 나타나는 현상이다. 네발 가진 동
물들(예: 강아지, 고양이, 말 등)을 모두 '멍멍'이라고 부르거나, 모든 여
자를 보고 '엄마'라고 부르는 것이 그 예이다. 이러한 과잉확장은 아
동이 세상을 범주화하는 방식이 성인과 같지 않음을 보여 준다. 그렇
다면 아동의 과잉확장은 어떻게 설명될 수 있을까? 이와 관련하여 몇
가지 설명이 제안되었다. 그 하나는 아동이 가지는 단어 의미의 범주

가 기능(function)에 근거한다는 관점이다. 넬슨(Nelson, 1973)은 아동이 기능의 유사성에 근거하여 사물을 분류한다고 주장하였다. 사물들이 움직이는 기능을 가지고 있다면 아동은 그 기능을 중심으로 그 사물들을 하나의 범주로 묶고 이렇게 묶여진 사물들에게 같은 단어를 부여한다. 예를 들어, 아동이 굴러가는 공의 기능에 주목하며 '공'이란 단어를 배웠다면, 굴러가는 귤을 보며 그 또한 '공'이라고 지칭하게 된다. 이처럼 넬슨은 단어 적용에 사물의 기능이 중요한 역할을 하기에 이것이 아동의 과잉확장을 설명할 수 있다고 주장한다. 반면에 클라크(Clark, 1973)는 아동이 지각적 특질(perceptual feature)에 따라 사물을 분류한다고 주장하였다. 그리하여 이 시기의 아동은 지각적 특질을 공유하는 사물들을 묶어서 하나의 단어로 지칭한다. 예를 들어, '달'이라는 어휘를 알고 있는 아이가 '공'도 '달'이라고 말하는 경우가 있다. 이 아이는 '달'과 '공'이 모두 '둥글다'라는 지각적 특질에 근거하여 같은 범주로 유목화한 것이다. 또한 4개의 다리를 가진 동물들을 '멍멍'이라고 부르는 것도 4개의 다리를 가졌다는 지각적 특질에 주목하여 일반화시킨 결과로 설명할 수 있다. 아이가 그 단어에 보다 많은 다른 세부적 의미가 있다는 것을 깨닫게 되면서 과잉확장에서 벗어나게 된다.

2) 어휘 폭발

첫 단어가 산출된 지 6개월 정도가 지나면 어휘가 폭발적으로 증가된다. 이러한 현상을 어휘 폭발(vocabulary spurt) 또는 단어 급등이라 한다. 왜 아동의 어휘는 점진적으로 증가하는 것이 아니라 특정 시기에 급등하는 현상을 보이는가? 만약 이 시기에 아동이 단어를 가설 검증 과정을 통해 습득한다고 가정해 보자. 아동은 매우 다양한 맥락에서 '강아지'라는 단어를 들을 수 있다. 어느 날 엄마는 강아지 꼬리를 가리키며 '강아지'라고 했다. 이때 아동은 '강아지'가 강아지의 꼬리를 지칭한다는 가설을 세울 것이다. 그런데 그 다음 날 엄마는 강아지 귀를 가리키며 '강아지'라고 했다. 이때 아동은 '강아지'가 강아지 꼬리를 가리킨다고 세웠던 자신의 가설을 꼬리뿐만 아니라 강아지 귀를 지칭한다고 바꾸어야만 한다. 또 그 다음 날 엄마는 강아지가 달려가는 것을 보고 '강아지'라고 했다. 이 달라진 맥락에서 아동은 자신의 가설을 또 바꿔야만 한다. 아동이 다양한 맥락에서 단어를 들을 때마다 가설을 변경해야 한다면 하나의 단어를 습득하는 데에는 상당한 시간이 걸릴 것이다. 이처럼 아동의 단어 의미 추론이 모든 가능성을 일일이 검증하는 과정이라면 짧은 기간 동안에 일어나는 어휘 폭발 현상을 설명하기 어려울 것이다. 이것이 철학자 콰인(Quine, 1960)이 제기했던 단어 습득에서의 '귀납의 수수께끼(the puzzle of induction)' 문제이다. 이러한 귀납적 문제를 해결하기 위해 연구자들은 단어 의미 추론을 일정 방향으로 이끄는 기제가 있음을 제안하였다. 아동은 새로운 단어를 들을 때 단어 의미를 이끄는 기제들로 인해 적절한 의미를 빠르게 추론하게 된다는 것이다.

3) 단어 의미 추론 기제

아동은 어떻게 단어의 의미를 알게 되는가? 어느 누구도 아동에게 단어에 대한 정의를 분명히 말해 주지 않는다. 아동은 자신의 방식으로 단어의 의미를 찾아내야 한다. 그 방식에 대해서는 많은 가능성이 제시되었다. 12개월경에 겨우 한 단어를 말하던 아동이 여섯 살이 되면 13,000개의 단어를 알게 된다(Pinker, 1994). 이를 위해서는 하루 중 깨어 있는 동안 두 시간에 한 단어씩 배워야 한다는 계산이 나온다. 이러한 배움의 양을 일반적인 학습 능력으로 설명하기는 어렵다. 연구자들은 이 현상을 아동들에게 단어를 빠르게 학습할 수 있는 기제가 있음을 가정하며 설명하려 하였다(Au & Glusman, 1990; Markman, 1991; Markman & Hutchinson, 1984; Markman & Wachtel, 1988). 이러한 기제로 온전한 대상 제약(whole object constraint), 분류학적 제약(taxonomic constraint), 상호배타성 제약(mutual exclusivity constraint)과 같은 어휘적 제약이 제기되었다(Markman, 1991). 또는 사회적 상호작용에서 단어 의미에 대한 단서를 찾을 수 있다는 화용적 접근이 제기되었다(Baldwin, Markman, Bill, Desjardins, Irwin, & Tidball, 1996). 형태 유사성과 같은 지각적 속성이나 존재론적 범주와 같은 개념이 단어 의미 추론 기제라는 주장도 제기되었다(Gentner, 1978; Landau, Smith, & Jones, 1988; Soja, Carey, & Spelke, 1991). 이 절에서는 이러한 다양한 기제를 주장하는 근거와 그에 대한 실증적 증거들을 살펴볼 것이다.

(1) 어휘적 제약

① 온전한 대상 제약

어휘적 제약 중 하나인 온전한 대상 제약에 따르면 아동은 새로운 단어를 들었을 때 그 단어를 부분, 물질, 색깔, 움직임 등보다는 온전한 대상을 지칭하는 것으로 이해한다(Markman & Wachtel, 1988). 따라서 아동은 '강아지'라는 새로운 단어를 들었을 때 그것이 강아지의 꼬리나 다리와 같은 부분을 가리키는 것이 아니라 강아지라는 전체 대상을 가리킨다고 추론한다.

② 분류학적 제약

분류학적 제약은 하나의 단어가 같은 범주에 속하는 물체를 지칭하는 것으로 추론할 수 있게 해 준다. 이 제약 덕분에 사용된 단어가 물체에 대한 용어라면 같은 종류의 물체를, 색깔에 대한 용어라면 같은 종류의 색깔을, 행동에 대한 용어라면 같은 종류의 행동을 지칭하는 것으로 이해하게 된다. 성인들은 단어를 분명히 이러한 방식으로 이해한다. 하지만 어린 아동들도 그렇게 이해하는지는 의문시되어 왔다. 왜냐하면 아동들에게 이 세상의 물체들은 주제적으로(thematically) 연결되어 있기 때문이다. 예를 들어, 아동들에게는 젖소하면 우유, 바늘하면 실이 떠오른다. 따라서 아동들이 사물을 주제적으로 연결하는 것은 아주 자연스럽다. 하지만 이런 아동들에게 단어를 제시해 주면 달라진다는 것이 발견되었다. 이들은 단어가 유사한 것들의 집합체인 범주를 지칭한다고 이해하였다. 예를 들어, '꽃'이란 단어는 마당에 있는 꽃뿐만 아니라 길가에 피어 있는 꽃, 그리고 꽃병에 꽂혀 있는 꽃도 가리킨다. 아동의 이러한 경향성이 실증적으로 증명되었다. 마크먼과 허친슨(Markman & Hutchinson, 1984)은 아동에게 '소' '우유' '돼지'가 그려진 그림을 보여 주면서 '소'를 가리키며 이 그림 옆에 어떤 그림을 놓고 싶은지를 물어보았다([그림 4-3] 참조). 이때 아동들은 '소' 그림 옆에 '우유' 그림을 놓았다. '소'와 '우유'를 주제적으로 연결한 것이다. 그러나 '소' 그림을 가리키며 "이것은 별나라에서 'dax'라고 한대. 여기에 또 다른 'dax'가 있는데 어느 것일까?"라고 물었더니 아동들은 '돼지' 그림을 선택하였다. 주제적 연결을 선호하는 대신 분류학적 범주를 선택한 것이다. 이러한 결과는 세상을 범주로 묶어 주는 단어의 특성을 보여 준다. 아동에게 세상은 주제적으로 연결되어 있지만 단어는 아동에게 분류학적으로 재구조화된 세상을 보게 해 준다.

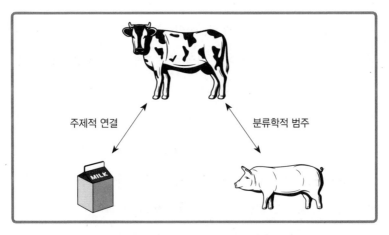

[그림 4-3] 분류학적 가정 검증에 사용된 그림의 예

③ 상호배타성 제약

상호배타성 제약은 하나의 사물은 오직 하나의 이름만을 가진다는 가정이다(Au & Glusman, 1990; Littschwager & Markman, 1994; Markman, 1991; Markman & Wachtel, 1988). 상호배타성 제약 덕분에 아동은 어휘를 습득할 때 불필요한 추론을 배제하여 새로운 단어 의미 추론의 범위를 좁힐 수 있다. 마크먼과 워치텔(Markman & Wachtel, 1988)은 아동에게 이름을 알고 있는 친숙한 물체(예: 컵)와 이름을 알지 못하는 친숙하지 않은 생소한 물체(예: 부젓가락)를 보여 주며 새로운 단어(예: dax)를 들려주었다. 그리고 나서 새로운 단어 'dax'가 어떤 물체를 말하는지를 찾게 하였다. 이때 아동들은 새로운 단어를 이름을 알지 못하는 생소한 물건(예: 부젓가락)의 이름으로 추론하였다(Markman & Wachtel, 1988). 이때 아동들은 새로운 단어를 이름을 모르는 물체의 이름으로 추론하였다. 이것을 가능하게 해 준 것이 상호배타성 제약이다. 아동은 상호배타성 제약 덕분에 새로운 단어가 의미할 수 있는 수많은 가능성을 배제하면서 보다 효율적으로 단어를 학습할 수 있었던 것이다. 이러한 결과는 한국어에서도 지지되었다. 한국 아동들도 새로운 이름을 들었을 때 그 이름을 기존에 알고 있는 대상보다는 새로운 대상에 적용하였다(김혜리, 1994).

상호배타성 제약은 단어 습득 초기에는 강력하게 적용되는 제약이지만 단어 학습이 진행되면서 유보되기도 한다(Markman, 1991). 아동은 처음에 '고양이'라는 이름만을 알지만 시간이 흐르면서 고양이를 '동물'이라고 부를 수 있다는 것도 알게 된다. 고양이라는 하나의 대상에 '고양이'와 '동물'이라는 2개의 이름을 허용한 것이다. 이것은 분명히 상호배타성 제약을 위배한 것이다. 하지만 이것이 잘못되었다고 생각하는 사람은 없다. 이처럼 언어발달이 진행되면서 상호배타성 제약이 폐기되어야 하는 상황이 생기는데, 그 하나는 2개의 이름이 위계적 관계를 지칭하는 경우이다. 앞의 경우에서 '동물'은 '고양이'를 포함하는 상위 범주의 이름이기에 이 2개의 이름이 허용될 수 있다. 이처럼 2개의 단어가 다른 위계적 수준을 지칭할 때 아동들은 상호배타성 제약을 유보하였다(김혜리, 1994; 조경자, 김혜리, 1994; Hong & Lee, 1995). 상호배타성 제약이 유보되는 또 다른 예는 하나의 단어가 다른 언어에 속해 있는 경우이다(이현아, 김은영, 송현주, 2017; Au & Glusman, 1990). 아우와 글러스맨(Au & Glusman, 1990)은 아동들에게 친숙한 동물인형과 생소한 동물인형을 보여 주면서 영어 화자가 'mido'를 찾게 하였다. 이때 아동들은 'mido'를 생소한 동물인형의 이름으로 추론하였다. 그 후 스페인어 화자가 들어와서 스페인어로 'theri'를 찾았다. 아동들이 상호배타성 제약을 준수한다면 'theri'를 영어 화자가 'mido'라고 부른 동물인형이 아닌 다른 동물인형(친숙한 동물인형)의 이름으로 추론해야만 한다. 하지만 아동들은 'theri'라는 단어에 대해 영어로 'mido'라고 불린 생소한 동물인형과 또 다른 친숙한 동물인형을 비슷한 빈도로 골랐다. 이러한 결과는 다른 언어를 사용할 경우 아동은 상호배타성 제약을 유보하며 다른 언어의 단어가 동일한 대상을 가리킬 수 있다고 추론했음을 보여 준다. 상호배타성 제약이 유보되는 또 다른 상황은 의도와 같은 화용적 단서가 있을 때이다(이현진, 2005). 이현진(2005)은 실험자가 아동에게 친숙한 대상(예: 모자)을 바라보며 "아, 여기 'godi'가 있네."라고 말을 한 후, 'godi'가 어떤 것인지를 선택하게 하였다. 아동은 그 대상이 '모자'라는 것을 알고 있었음에도 불구하고 'godi'라는 새로운 단어가 그 물건을 지칭하는 것으로 이해하였다.

(2) 화용적 접근

화용적 접근에서는 단어에 대한 정보를 사회적 환경에서 충분히 얻을 수 있다고 가정한다. 그리하여 이 접근에 따르면 아동은 사회적 상호작용 과정에서 화용적 단서를 찾아내고 그것을 이용하여 단어 의미를 추론할 수 있다는 것이다. 화용적 접근에서는 의사소통적 의도가 단어 의미 추론에서 중요하다고 생각한다. 이러한 의도는 눈길을 통해 탐지될 수 있다(Baldwin, Markman, Bill, Desjardins, Irwin, & Tidball, 1996). 볼드윈 등(Baldwin et al., 1996)은 실험자가 아동 시야 안에 있는 장난감을 바라보며 새로운 이름(예: 'peri')을 말해 주는 조건과 아동의 시야 밖에서(예: 가리개 뒤에서) 새로운 이름을 말해 주는 조건을 비교하였다. 아동 시야 안에서 장난감에 이름을 붙인 조건은 실험자의 눈길이 탐지되어 의도가 추론될 수 있었지만, 시야 밖에서 이름을 붙인 조건에서는 실험자의 의도가 추론될 수 없었다. 그 결과, 아동은 의도를 추론할 수 있는 조건에서는 새로운 이름과 장난감을 연결하였지만 의도를 추론할 수 없는 조건에서는 새로운 이름과 장난감을 연결하지 않았다. 이러한 결과는 시선 주기와 같이 화용적 단서

에서 화자의 의도가 추론되고, 그 의도가 단어 의미 추론에 사용된 것
을 보여 준다. 이러한 화용적 단서는 앞에서 언급한 어휘적 제약들과
더불어 아동의 단어 학습을 이끄는 기제가 될 수 있다.

(3) 지각적 유사성 대 기능적 유사성

단어 의미 추론에 관여하는 또 다른 요인들이 있다. 클라크(Clark,
1973)는 아동이 대상의 가장 두드러진 지각적 속성에 근거하여 단어
를 학습한다고 보고하며 단어 학습에서 지각적 유사성의 중요성을 강
조하였다. 이러한 주장은 겐트너(Gentner, 1978)에 의해 실증적으로
입증되었다. 겐트너는 지각적 유사성과 기능적 유사성을 대립시켜서
아동의 초기 단어 의미 습득을 연구하였다. 그녀는 2~5세 사이의 아
동들에게 2개의 물체를 보여 주며 그 두 물체에 대한 이름을 가르쳐
주었다. 이 두 물체는 모양도 달랐고 기능도 달랐다. 그다음 아동에
게 이전에 제시된 두 물체의 모양과 기능이 섞여 있는 새로운 물체를
보여 주었다. 즉, 이 새 물체는 이름을 배웠던 두 물체 중 하나와는 모
양이 같았으나 또 다른 하나와는 기능이 같았다. 아동들의 80% 이상
이 새로운 물체를 모양이 유사한 대상의 이름으로 불렀다. 아동의 단
어 의미 추론에서는 모양과 같은 지각적 유사성이 중요했던 것이다.
단어 의미 추론에서 지각적 유사성의 중요성은 란다우와 동료들의
일련의 연구에서도 재확인되었다(Landau, Smith, & Jones, 1988, 1992;
Jones, Landau, & Smith, 1991). 란다우, 스미스와 존스(Landau, Smith, &
Jones, 1988)는 2세와 3세 아동들, 그리고 성인들에게 표본자극을 보

2. 어휘 발달 **127**

여 주며 'dax'라고 말해 주었다. 그다음에 그 표본자극과 모양(shape), 크기(size), 재질(texture)이 달라진 검사자극들을 보여 주며 그것들이 'dax'인지를 물었다. 그 결과, 아동과 성인들은 모두 강한 모양 편향성 (shape bias)을 보였다. 아동과 성인들 모두 표본자극과 크기나 재질이 현저하게 다르더라도 표본자극과 모양이 같은 대상물에 새로운 이름 인 'dax'를 적용시켰다. 표본자극과 크기나 재질은 같으나 모양이 조금이라도 다른 검사자극에는 'dax'라는 이름을 붙이지 않았다. 이러한 모양 편중성은 연령이 높을수록 더욱 강하게 나타났다. 즉, 2세 아동보다는 3세 아동, 그리고 아동들보다는 성인들에게서 더욱 강하게 나타났다. 대체로 아동과 성인 모두 모양에 근거하여 새로운 이름을 붙이는 일반적인 경향성을 갖고 있었던 것이다.

또 다른 연구자들은 이러한 경향성이 시간의 흐름에 따라 변할 수 있는 가능성을 제기하였다. 이들은 아동의 발달과 더불어 단어 의미 추론 기제가 달라진다는 것을 주목하였다. 어린 아동들은 모양과 같이 눈에 띄는 지각적 속성에 의해 단어의 의미를 추론하지만 연령이 증가하면서 범주적 특성이나 기능적 특성 등 다른 여러 가지 속성을 고려하게 된다는 것이다(Imai, Gentner, & Uchida, 1994; Merriman, Scott, & Marazita, 1993). 메리먼, 스코트와 마라지타(Merriman, Scott, & Marazita, 1993)는 3, 4, 6세 아동들에게 대상의 외양과 잠재적 기능을 제시하고 어떤 속성에 근거하여 단어 의미를 추론하는지를 살펴보았다. 3세 아동들은 겉으로 드러나는 외양에 대해 우선적으로 반응했으나, 4세로 갈수록 외양뿐 아니라 기능적인 특성도 고려하고, 6세 아동들은 기능에 대해 우세한 반응을 보였다. 메리먼 등은 이런 발달적 변화를 '외양에서 기능으로의 전환(appearance-function shift)'이라고 하였다. 이러한 발달적 변화는 아동과 성인을 비교하였을 때만 나타나는 것이 아니라, 어린 아동과 좀 더 나이 든 아동의 수행을 비교했을 때도 나타났다.

단어 의미 추론에서 다른 양상의 발달적 변화가 제기되기도 하였다. 이마이, 겐트너와 우치다(Imai, Gentner, & Uchida, 1994)는 아동의 연령이 증가하면서 단어 의미 추론이 모양에 의존하던 것에서 범주적 관계에 의존하는 것으로 변화됨을 보여 주었다. 이마이 등은 3세와 5세 아동, 그리고 성인들에게 표본자극으로 '사과'의 그림을 보여 준 후, 검사자극으로 범주적으로 관련된 그림(예: '바나나' 그림), 지각적으로 유사한 그림(예: '공' 그림), 그리고 주제적으로 관련된 그림(예: '칼' 그림)을 제시하였다. 단어 조건에서는 표본자극의 이름이 'dax'임을 말해 주고, 검사자극들 중에서 또 다른 'dax'를 찾게 하였고, 비단어 조건에서는 표본자극인 '사과'와 어울리는 것을 찾게 하였다. 그결과, 3세와 5세 아동들은 모두 새로운 단어가 주어졌을 때 범주적 관계보다는 지각적으로 유사한 자극을 골랐다. 반면에 성인들은 새로운 단어에 대해 지각적 유사성보다는 범주적 관계에 의해 반응을 하였다. 또한 3세 아동들과 5세 아동들의 결과를 비교했을 때, 5세로 갈수록 지각적 유사성에 대한 반응은 감소하고 범주적인 반응이 증가함을 볼 수 있었다. 이마이 등은 이러한 결과를 토대로 새로운 단어 의미를 이해할 때 발달에서 질적 변화가 있음을 제안하며 이 같은 발

달적 변화를 '모양에서 범주로의 전환(shape-to-taxonomic shift)'이라
고 하였다. 이와 같은 발달적 변화는 한국어에서도 입증되었다(김유
정, 이현진, 1996; 김현주, 이현진, 채민아, 1998). 김유정과 이현진(1996)
은 지각적 유사성 조건, 범주적 조건, 주제적 조건을 대비시켜 아동의
단어 의미 추론을 살펴보았다([그림 4-4] 참조). 3세 아동들은 지각적
유사성에 근거하여 단어 의미를 일반화시켰지만, 연령이 증가함에 따
라 이러한 경향성은 감소하고 대신 범주적 조건에 의한 반응이 증가
하였다. 단어 의미 추론에서 발달적 변화는 대상물의 모양과 기능적
특성을 대비시켰을 때에도 나타났다. 3세 아동들은 모양이 유사한 자
극에 새로운 단어를 일반화시켰지만 연령이 증가하면서 기능이 유사
한 자극에 새로운 단어를 일반화시켰다. 기능의 역할이 우세해진 것

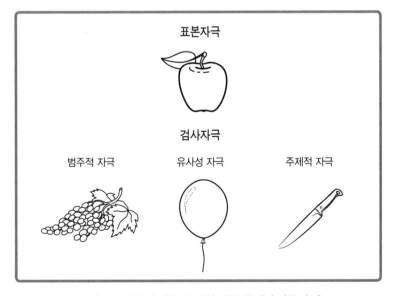

[그림 4-4] 범주적 자극, 유사성 자극, 주제적 자극의 예

이다(김현주, 이현진, 채민아, 1998). 이러한 결과는 아동들이 처음 단어를 습득할 때에는 모양과 같은 지각적 유사성을 주목하지만, 점차 발달이 진행되면서 그들의 관심은 더 깊은 속성으로 옮겨 가게 되어 범주적 관계나 기능적 관계를 고려한다는 것을 보여 준다.

(4) 존재론적 범주

단어 의미 추론에서 지각적 유사성의 역할은 다른 근거로 반박되기도 하였다. 소자, 케리와 스펠키(Soja, Carey, & Spelke, 1991)는 단어 의미 추론에서 지각적 유사성보다 존재론적 범주(ontological category)가 더 중요한 역할을 한다. 존재론적 범주란 우리가 알고 있는 여러 사물들을 가장 기본적으로 묶을 수 있는 범위를 지칭한다. 예를 들어, 존재론적 범주는 고체 대상물과 비고체 물질을 구별해 준다. 소자 등은 아동이 대상물과 물질을 구별하는 존재론적 범주에 대한 개념을 선험적으로 가지고 있기에 어릴 때부터 이러한 개념에 근거하여 단어 의미를 추론한다고 주장하였다. 이러한 주장은 콰인(1960)의 주장과 대비되는 것인데, 콰인(Quine, 1960)은 물질과 대상물을 구별하는 존재론적 개념이 선험적인 것이 아니라, 이 개념과 관련된 통사적 지식이 습득된 후에 형성된다고 주장하였다. 영어의 경우 셀 수 있는 가산명사는 'a', 또는 복수형 어미 's'를 붙일 수 있지만 셀 수 없는 물질명사에는 이러한 통사적 지표를 붙일 수 없다. 소자 등은 가산명사와 물질명사에 대한 통사적 지식이 없는 어린 아동들(2세와 2.5세)이 단어 의미를 추론할 때 대상물과 물질에 대해 각기 다른 기준을 적용한다

는 증거를 제시하며, 대상물과 물질을 구별하는 존재론적 범주가 단
어 의미 추론을 이끈다고 주장하였다.

존재론적 범주에 대한 개념이 단어 의미 추론을 이끄는 중요한 기
제라면 대상물과 물질을 구별하는 통사적 지표가 없는 언어에서도 이
개념은 단어 의미 추론에 관여해야 할 것이다. 한국어나 일본어는 영
어와는 달리 대상물과 물질에 대한 통사적인 구별이 없는 언어이다.
이러한 언어에서도 존재론적 범주에 근거하여 단어 의미가 추론되는
지가 검증되었다(이현진, 1995, 2002; Lee, 1996, 1997; Imai & Gentner,
1997). 한국어나 일본어에서 모두 존재론적 범주에 따라 단어 의미 추
론이 달라진다는 실증적 증거가 제시되었다. 이러한 증거는 존재론
적 범주에 대한 개념이 언어 보편적으로 단어 의미 추론을 이끄는 강
력한 기제임을 확인해 준 것이다.

3. 문법 발달

아동은 첫 단어를 발화한 후 6개월 정도가 지나면 2개의 단어를 연
이어 발화하기 시작한다. 이때 발화되는 2개의 단어는 단순한 단어의
나열이 아니라 문법을 기반으로 한 연결이다. 다시 말해, 2개 단어의
조합은 문법적으로 분석될 수 있는 문장인 것이다. 이 절에서는 두 단
어 시기에 아동이 발화하는 언어의 문법적 특징을 살펴보고자 한다.

1) 문법 지식에 대한 산출

두 단어 시기 언어의 주요한 특징은 이들이 발화하는 문장에 통사적 지표나 형태소적 지표가 빠져 있다는 것이다. 즉, 조사나 시제를 나타내는 기능어가 생략된 채 동사나 명사와 같은 내용어만이 출현하기에 이 시기 아동의 말은 '전보문(Telegraphic Speech)'이라고 불리기도 한다(Brown & Frasier, 1963). 이처럼 이 시기 아동의 문법에는 기능범주가 존재하지 않는다고 알려져 있다(Radford, 1990). 하지만 2개의 단어의 연결에서 기능범주가 생략된다고 해서 이 연결이 무작위로 이루어진 것은 아니다. 이 연결에도 규칙이 적용된다는 것이 밝혀졌다. 이 절에서는 이 시기의 아동 언어를 분석한 두 가지 접근을 소개한다.

(1) 분포분석

브레인(Braine, 1963)은 아동이 조합하는 두 단어를 분포분석 (distributional analysis)을 통해 이 두 단어를 조합해 주는 규칙을 찾아낼 수 있다고 제안하였다.

〈표 4-2〉에서 보면 'hi' 'fell' 'more'가 빈번하게 출현하는데 이들이 나타나는 위치는 고정적이다. 이에 반해 'doggy' 'soup' 등은 자주 나타나지 않고 또한 위치도 일정하지 않다. 브레인(1963)은 두 단어 시기의 자료를 분포분석했을 때 두 단어 문장을 주축어(pivot)와 개방어 (open word)로 구별할 수 있다고 주장하였다. 주축어는 그 수가 적고 사용빈도는 많고 출현하는 위치가 고정적인 데 반해, 개방어는 그 수

가 많고 사용 빈도는 적고 나타나는 위치가 고정되지 않는 특징을 보인다. 〈표 4-2〉에서 빈번하게 출현하는 'hi' 'fell' 'more'는 주축어로, 자주 나타나지 않는 'doggy' 'soup'은 개방어로 분류될 수 있다. 주축어-개방어의 구조는 한국어 자료에서도 발견되었다. 조명한(1978)은 한국 아동의 두 단어 조합에서 다음과 같은 공통점을 찾았다. 2개의 단어를 조합할 때 첫 번째 위치에 '엄마' '아빠' 또는 감탄사인 '아!' '아잇!' 등이 많이 나타났다. 이러한 단어들은 출현하는 빈도수가 많았고 나타나는 위치도 고정적으로 주축어의 특성을 보였다. 이에 반해 두 번째 위치에 나타나는 단어들은 개방어로 분석될 수 있었다. 예를 들어, '엄마 쉬'라고 하지 '쉬 엄마'라고 말하는 것은 관찰되지 않았다.

그러나 분포분석은 다음과 같은 문제점을 가진다. 첫째, 아동이 갖고 있는 '주축어+개방어'의 구조가 어떻게 성인 언어 구조로 발달해 가는지를 설명하기 어렵다. 어떤 아동이 "Mommy wash." 또는 "Daddy run."이라는 문장을 발화했다고 생각해 보자. 이 문장에서 Mommy와 Daddy는 '주축어'로 'wash' 'run'은 개방어로 분석될 수 있다. 아동은 발달하면서 "Mommy see Daddy."와 같은 확대된 문장을 발화하게 되는데, 이 분석으로는 주축어-개방어 구조가 어떻게 "Mommy see Daddy."와 같이 세 단어로 구성된 문장으로 확대될 수 있는지를 설명하기 어렵다. 또 다른 문제점은 하나의 두 단어 조합이 다른 의미적 관계로 분석될 수 있다는 것이다. 캐서린이란 아이는 어느 날 'Mommy sock'을 두 번 말하였는데 한 번은 '엄마의 양말'이라는 의미로, 또 다른 한 번은 '엄마, 양말 주세요.'라는 의미로 사용하였다.

형식적인 면에서 'Mommy sock'은 '주축어+개방어'의 구조를 가진다. 그러나 의미적으로 분석했을 때 'Mommy'는 소유격으로 사용되기도 했고 행위자격으로 사용되기도 하였다. 이처럼 주축 문법으로는 문장이 가지는 의미를 파악하기 어렵다.

〈표 4-2〉 주축어+개방어 구조

Hi doggy	That fell	More soup
Hi Mommy	Doggy fell	More swing
Hi truck	Teddy fell	More milk

(2) 의미적 관계 분석

주축 문법이 갖고 있는 제한점을 극복하고자 두 단어 시기의 문장을 다른 방법으로 분석하려는 시도가 있었다. 이 방법은 의미적 관계를 찾아보는 것이었다. 의미적 관계 분석은 두 단어를 발화하는 대부분의 아동들이 성인들이 의미적 관계를 전달할 때 사용하는 어순을 따른다는 점에서 착안되었다. 브라운(1973)은 두 단어 문장에서 발견되는 의미적 관계를 다음과 같이 정리하였는데 이러한 관계는 한국어 자료에서도 나타났다(조명한, 1978, 1982).

아동의 두 단어 조합은 여덟 가지의 의미적 관계로 정리할 수 있는데 이 같은 현상은 언어 보편적으로 나타난다(〈표 4-3〉 참조). 앞에서 언급했듯이 의미적 관계 분석은 주축 문법과는 달리 단어 조합이 어떻게 확대되는지를 설명해 줄 수 있다. 대부분의 언어에서 [행위자+

행위+목적]/[행위자+목적+행위]와 같은 세 단어 조합은 기본 문장을 형성한다. 브라운(1973)은 세 단어 조합인 [행위자+행위+목적]과 같은 연쇄가 〈표 4-3〉에서 [행위자+행위]와 [행위+목적]/[목적+행위]와 같은 두 단어 조합이 연결되어 형성된 것이라고 설명하였다. 예를 들어, 영어의 경우 'Daddy throw'와 'Throw ball'이 연합하여 'Daddy throw ball.'로 확장된다. 한국어에서도 두 단어 조합이 세 단어 또는 네 단어 조합으로 확장되는 것을 볼 수 있다. 예를 들어, '아찌 흙 파'는 [행위자+행위]와 [목적+행위]가 [행위자+목적+행위]로 확장된 경우이다 (조명한, 1982).

〈표 4-3〉 두 단어 문장의 의미적 관계 [1]

의미적 관계	영어	한국어
1. 행위자–행위	boy kick	엄마 줘/언니 울어
2. 행위–목적(목적–행위)	pull train	빵 줘
3. 행위자–목적	Daddy ball	엄마 밥
4. 행위–장소(장소–행위)	sit chair	바까 쪼쪼/오토바이 타
5. 실체–장소(장소–실체)	cup shelf	바까 달/ 저기 새
6. 소유자–소유물	Mommy scarf	아빠 책/고모 꺼
7. 실체–수식(수식–실체)	ball red	은냐 통/무서운 아찌
8. 지시하기–실체	there car	요거 불

---

[1] 영어와 한국어는 목적어와 동사의 위치가 다르기 때문에 괄호 안의 어순은 한국어에 해 당된다.

2) 문법 지식에 대한 이해

초기에 아동은 '지금-여기'에 대해 발화하기에 다양한 문법적 표지
(예: 굴절 체계 등)를 생략하는 경향이 있다. 그리하여 산출 자료만을
분석한다면 아동의 문법 지식을 과소평가할 가능성이 있다. 이러한
문제점을 보완하는 방법은 언어 이해를 연구하는 것이다. 전통적으
로 언어 이해 연구들은 아동에게 언어적 질문을 하고 그 내용에 상응
하는 그림을 고르게 하거나[예: 그림선택과제(picture selection task)], 아
동에게 문장을 들려주고 그 문장을 이해한 대로 인형 등을 이용하여
행동을 연출하게 하거나[예: 이해연출과제(act-out task)], 아동에게 어
떤 사건을 묘사하는 그림을 보여 주며 제시되는 문장이 그 상황을 적
절하게 기술하는지를 판단하는[예: 의미판단과제(truth-value judgement
task)] 방법을 사용하였다. 이상의 방법들은 모두 아동의 언어적 의사
소통이 일정 수준에 도달해야만 사용할 수 있었기에 보통 3세 이후의
아동들을 연구 대상으로 삼았다. 그리하여 3세 이전의 아동들을 대상
으로 한 연구들은 주로 산출 자료를 분석하였다. 하지만 최근에 시지
각 연구에서 사용하는 여러 방법(예: 선호적 보기 절차 등)들을 영아의
언어 연구에도 활용하기 시작하였다 이러한 방법을 이용하여 언어적
소통이 원활하지 않은 어린 아동들의 언어 이해를 연구하여 이 아동
들이 갖고 있는 다양한 문법 지식을 밝혀낼 수 있게 되었다.

(1) 영아들의 문법 지식

최근 연구들은 선호적 보기 절차(preferential looking paradigm)와 같은 새로운 연구방법을 사용하여 한 단어만을 산출하는 어린 아동들도 모국어의 기본 문법을 알고 있다는 증거를 제시하였다(Hirsh-Pasek & Golinkoff, 1996). 이 연구방법은 감각간(intermodal) 지각 연구로부터 시작되었다. 스펠키(Spelke, 1976)는 4개월 된 영아에게 까꿍 놀이를 하는 장면과 일정한 리듬으로 북을 치는 장면을 보여 주며, 이 두 장면 중 한 장면과 일치하는 청각 자극(예: 까꿍 하는 소리 또는 북 치는 소리)을 들려주었다. 이 경우 대부분의 영아들은 자기들이 듣는 소리와 일치하는 장면을 더 오래 보았다. 허시 파섹(Hirsh-Pasek)과 골린코프(Golinkoff)를 중심으로 한 연구자들(Golinkoff, Hirsh-Pasek, Cauley, & Gordon, 1987; Hirsh-Pasek & Golinkoff, 1991, 1996)은 이러한 절차를 어린 영아들의 언어학적 지식을 알아보는 데 사용하였다. 이 방법에 깔린 기본적인 논리는 영아들이 제시된 언어를 이해한다면 그것과 일치하는 화면을 더 오래 볼 것이라는 것이다. 골린코프, 허시 파섹, 컬리와 고든(Golinkoff, Hirsh-Pasek, Cauley, & Gordon, 1987)은 중앙에 오디오 스피커를 장치하고 좌우에 화면을 볼 수 있는 모니터를 장착한 방에서 17개월 된 영아들이 명사를 이해하는지를 살펴보았다. 예를 들어, "신발이 어디 있니? 신발을 찾아볼래?"라는 말이 스피커에서 나올 때 좌우의 화면에는 '신발' 또는 '배'가 나타난다. 이때 영아들은 자기들이 들은 명사와 일치하는 화면을 더 오래 보았다. 허시 파섹과 골린코프(1996)는 한쪽 화면에서는 여자가 공을 손에 들고 열쇠에 키스하는 장면을, 다른 쪽 화면에서는 여자가 열쇠를 손에 들고 공에 키스하는 장면을 보여 주며 "여자가 열쇠에 키스하고 있어."라는 말을 들려주었을 때 14개월 된 아동들은 여자가 열쇠에 키스하는 장면을 더 오래 보았다고 보고하였다. 이러한 연구들을 통해 어린 영아들이 어떤 어휘를 이해하고 있는지를 밝힐 수 있었다.

[그림 4-5] 허시 파섹과 골린코프(1996)의 실험장치

이러한 방법은 통사 구조 이해에 대한 연구에도 확대 사용되었다. 허시 파섹과 골린코프(1991)는 16~19개월 사이의 아동들의 영어 어순 이해를 앞과 같은 방법을 사용하여 살펴보았다. 이 연구에서는 미국에서 가장 유명한 어린이 프로그램인 〈세서미 스트리트(Sesame Street)〉에 나오는 등장인물(예: 쿠키 몬스터, 빅 버드)들을 사용하였다. 한쪽 화면에서는 쿠키 몬스터가 빅 버드를 씻겨 주는 장면을, 다른 쪽

화면에서는 빅 버드가 쿠키 몬스터를 씻겨 주는 장면을 보여 주면서, "빅 버드가 쿠키 몬스터를 씻겨 주고 있어." 또는 "쿠키 몬스터가 빅 버드를 씻겨 주고 있어."와 같은 문장을 들려주었다. 이때 아동은 자신이 들은 문장과 일치하는 화면을 더 오래 보았다. 예를 들어, "쿠키 몬스터가 빅 버드를 씻겨 주고 있어."와 같은 문장을 들었을 때에는 이 문장과 일치하는 왼쪽 화면을 더 오래 응시하였고, 반대로 "빅 버드가 쿠키 몬스터를 씻겨 주고 있어."와 같은 문장을 들었을 때에는 오른쪽 화면을 더 오래 응시하였다. 이러한 결과는 한 단어 또는 두 단어만을 발화하는 아동들도 모국어의 어순이라는 문법 지식을 가지고 있음을 보여 준다.

빅 버드가 쿠키 몬스터를 씻겨 주는 장면　　쿠키 몬스터가 빅 버드를 씻겨 주는 장면

[그림 4-6] 허시 파섹과 골린코프(1991) 실험

네이글스(Naigles, 1990) 역시 앞서 살펴본 같은 방법을 사용하여

2세 된 아동들이 자동사와 타동사와 관련된 문장 구조를 이해하고 이것을 기반으로 동사의 의미를 추론해 낼 수 있다는 것을 보여 주었다. 네이글스는 2세 아동에게 토끼가 왼손으로 오리를 내리누르는 행동을 담은 화면과 토끼와 오리가 손을 마주 잡고 있는 행동을 담은 화면을 동시에 보여 주었다. 이 화면을 보여 주면서 *"The rabbait is* **gorping** *the duck."* 또는 *"The rabbit and the duck are* **gorping.**" 이라는 문장을 들려주었다. 그 후 아동에게 *"Where's* **gorping** *now? Find* **gorping***!"*이라고 질문하였다. 이 문장에서 'gorp'는 무의미 동사로 아동이 들어본 적이 없는 것이었다. 만약 아동이 동사의 의미를 알아내기 위해 문장 구조를 단서로 사용한다면, 첫 번째 문장을 들은 아동은 'gorping'이 토끼가 오리에게 한 행동을 의미한다고 생각할 것이며, 두 번째 문장을 들은 아동은 토끼와 오리가 함께 하는 행동을 의미한다고 생각할 것이다. 예상했던 바와 같이, 2개의 행동을 제시하였을 때, 아동은 자신이 듣고 있는 문장 구조와 일치하는 화면을 더 오래 보았다. 즉, *"The rabbit is gorping the duck."*이라는 문장을 들었던 아동은 토끼가 오리를 내리누르는 행동을 보여 주는 화면을 더 오래 보았다. 이에 반해 *"The rabbit and duck are gorping."*이라는 문장을 들었던 아동은 토끼와 오리가 손을 마주 잡고 있는 것을 보여 주는 화면을 더 오래 보았다. 이러한 결과 역시 비록 2개의 단어 조합만을 산출하는 아동이라 할지라도 자동사와 타동사를 포함하는 문장 구조의 차이를 알고 있음을 보여 준다.

토끼가 오리 머리 위를 내리누르는　토끼와 오리가 손을 마주 잡고 있는
행동 그림　　　　　　　　　　　행동 그림

[그림 4-7] 네이글스(1990)의 실험에 사용된 화면의 예

3) 두 단어 이후의 언어

두 단어 시기를 지나면 아동은 세 단어 이상을 조합하여, 길이도 길어지고 구조도 복잡해지는 문장을 구사하게 된다. 그동안 생략해 왔던 기능어를 산출하고, 의문문, 부정문, 관계절 등의 보다 발전된 형태의 통사 구조를 사용하기 시작한다. 다음으로 아동이 습득하는 이러한 통사 구조의 특성을 살펴보고자 한다.

(1) 문법적 표지

두 단어 시기의 특징이 기능어가 생략된 전보문의 형태를 보이는 것이라면 이 시기가 지나면 세 단어 이상이 결합되면서 생략되었던 기능어가 출현하고 보다 다양한 문장 구조가 출현한다. 기능어라 함

은 보문자(영어의 'that' 'if', 우리말의 '-고' '-면), 굴절 시제 표시 형태소
(영어의 ed, 우리말의 '았/었'), 접미사(복수형 접미사, 소유격 접미사 등),
영어의 전치사, 우리말의 격조사 등을 말한다.

　기능어 습득과 관련하여 브라운(1973)은 아담, 이브, 사라 등 세 아
동의 산출자료를 분석하여 14개의 영어 형태소의 습득 순서를 보고
하였다. 놀라운 것은 이 세 아동 사이에서 출현한 습득 순서가 비교
적 일정하다는 것이었다. 가장 먼저 나타난 것은 현재진행형 'ing'이
다. 그다음에 출현한 형태소는 'in' 'on'과 같은 전치사였다. 그다음에
복수형 어미 's', 불규칙 과거(예: broke, went, fell), 소유격을 나타내는
'-s', 축약할 수 없는 계사 'be', 'a'와 'the'와 같은 관사, 규칙적인 과거
어미 '-ed', 3인칭 단수에 's'를 붙이는 것과 같은 규칙적인 3인칭 표
현, 'has'와 같은 불규칙적인 3인칭 표현, 축약할 수 없는 조동사, 축
약할 수 있는 계사, 축약할 수 있는 조동사의 순으로 습득되었다. 또
다른 기능어 습득을 보여 주는 연구는 벌코(Berko, 1958)의 'wug test'
이다. 벌코는 4~7세 사이의 아동에게 한 마리 가상의 새가 그려진
그림을 보여 주고 'wug'이라고 말해 주었다([그림 4-8] 참조). 'wug'이
란 단어는 기존의 영어에는 없는 단어로 실험자가 만든 신조어이다.
그리고 난 후에 'wug' 두 마리가 있는 그림을 보여 주며 "There are
two _____."와 같은 문장 완성 과제를 주었다. 아동들은 이전에
들었던 'wug'이란 단어에 근거하여 two 다음에 들어갈 말을 산출해야
만 했다. 이 실험에서 대부분의 아동들은 'wugs'라는 복수형 단어로
정확하게 빈칸을 채워 넣었다. 아동들이 복수형에 대한 통사적 지식

을 알고 있었던 것이다.

[그림 4-8] 벌코(Berko, 1958)의 wug 연구에 사용된 예

한국어를 대상으로 한 연구들은 주로 산출자료를 통해 기능어의 출현을 연구하였다(노경희, 2000; 이정민, 1997; 조숙환, 2000; Clancy, 2000). 이 연구들은 서법(mood)어미, 격조사, 과거시제의 출현을 통해 한국어에서의 형태소 습득을 살펴보았다. 서법은 화자가 청자에게 자신의 생각을 전달하는 방식을 표현하는 문법적 표지로서 우리말에서는 주로 종결어미로 나타난다. 이정민(1997)은 이러한 서법어미의 출현을 순서에 따라 세 집단으로 묶어 제시하였다. 제일 먼저 습득되는 서법어미들은 요청을 표현하는 '-어'(예: 아빠 줘, 1:10), 뭔가를 주장하는 '-어'(예: 엄마 바보야, 1:9), 서술의 '-다'(예: 움머 궁디 있다, 1:9), 청유형 어미 '-자'(예: 책 좀 보자, 1:11), 놀라움을 표현하는 어미

'-네'(예: 깜짝 놀랐네, 2:2), 감탄을 표현하는 어미 '-구나'(야, 있구나, 1:11)이다. 그 다음에 추단(supposition)을 표현하는 어미 '-지'(예: 아빠 학교 가지, 2:2), 미완의 상태를 표현하는 '-ㄴ데'(예: 아빠 껀데, 2:0), 약속을 표현하는 '-ㄹ께'(예: 안 할게, 2:0), 추정을 표현하는 '-ㄹ꺼야'(예: 아빠 엄마 갈 거야, 2:0), 의지 표현의 '-ㄹ래'(예: 엄마 이거 먹을래요, 2:0), 의무를 표현하는 '-어야 돼'(예: 오늘 누나 유치원 가야 돼, 2:2)가 출현한다. 마지막으로 인용 어미 '-대'가 출현한다(예: 아빠 또 학교 간대, 2:2). 이처럼 한국 아동들은 서법어미를 상당히 일찍부터 다양하게 사용하였다. 격조사와 관련하여서는, 2세를 전후로 주격조사가 나타나고, 주격조사가 어느 정도 습득된 후에 목적격 조사가 습득된다고 보고되었다(노경희, 2000; Clancy, 2000). 특히 노경희(2000)는 목적격 조사가 출현하기 전에 목적격 조사가 나타나야 할 자리에 주격조사를 사용하는 오류를 보고하였다(① 참조). 이처럼 한국어를 대상으로 한 연구들은 2세를 전후하여 다양한 기능어가 출현하였음을 보고하였다(조숙환, 2000; Clancy, 2000). 클랜시(Clancy, 2000)는 2세경에 주격 조사가 나타나고 주격 조사가 어느 정도 습득된 후에 목적격 조사가 습득된다고 보고하였다.

① 이거 아찌가 해 (2:0)
  엄마가 해줬어 (1:7)
  아빠가 엄마가(를) 때렸어 (2:2)
  아찌가 나무를 던져 (2:6)

출처: 노경희(2000); Clancy(2000).

또한 과거시제 어미 '었'도 2세경 출현하였다(조숙환, 2000).

> ② 엄마가 사 줬어? (1:10)
> 미키가 왔다. (1:9)

출처: 조숙환(2000).

(2) 문법적 복잡성

기능어 출현과 더불어 이 시기 아동들은 보다 문법적으로 복잡하고 다양한 표현을 할 수 있게 된다. 메뉴크, 리버코트와 슐츠(Menyuk, Liebergott, & Schultz, 1995)는 영어를 사용하는 아동들의 대상으로 3세경에 나타나는 문장의 특성을 다음과 같이 기술하고 있다(김진우, 1999에서 재인용). 첫째, 동사가 포함된 문장을 많이 쓰기 시작한다(약 85%). 둘째, 중문이나 복문의 양이 크게 늘기 시작한다. 셋째, 형태소나 기능어를 사용하는 용법의 정확성이 90% 정도까지 향상된다. 넷째, 언어습득을 시작하는 초기에는 아동들 간에 많은 개인차를 보이지만 3세경이 되면 개인차가 상당히 감소된다. 이러한 특성들은 한국어를 사용하는 아동들에게서도 발견되는데, 세 단어 이상의 언어 표현에서 나타나는 특성은 다음과 같다(조명한, 1982). 첫째, 두 단어 시기에 자주 생략되던 동사가 이 시기에서는 필수적으로 사용된다. 둘째, 세 단어 시기로 발달하면서, 보다 문법적인 문장들이 나타나기 시작한다. 소유하기(예: 우리 아빠)나 수식하기(예: 어베 할머니)가 명사구로 사용되고, 관계절 등을 포함하는 복문이 사용되기 시작한다. 예를 들어, '쌀 뚝 엄마 맴매'라는 표현을 관찰할 수 있는데, 이것이 "쌀을 떨어뜨리면 엄마가 맴매한다."라는 의미로 쓰인 것이라면, 이러한 사례는 접속의 관계로 분석될 수 있을 것이다. 셋째, 영어를 사용하는 아동들과는 달리 세 단어 시기의 아동들의 발화에서는 문법적 형태소나 조사와 같은 기능어가 많이 생략되지만 이것이 아동에게 문법적 형태소나 조사에 대한 지식이 부재함을 의미하지 않는다. 이 시기 아동들의 발화에는 이미 도구격 조사(예: 칼로 고쳐), 목적격 조사(예: 내가 입혀 줄께 엄마를), 주제격 조사(예: 애기는 아빠 닮았어요), 사동 접미어(예: 바지 입혀 줘) 등 다양한 종류의 문법 형태소가 출현하고 있다. 이러한 관찰은 세 단어 이상을 발화하는 아동의 언어가 충분히 문법적으로 복잡하다는 것을 보여 주는데, 이러한 언어에서 나타나는 몇 가지 문법적 특성들은 다음과 같다.

① 어순

언어습득의 초기 단계에서 아동들이 발화하는 어순은 비교적 고정되어 있다. 이러한 현상은 여러 언어에서 나타나는 언어 보편적인 현상이다. 영어는 SVO의 어순을 갖는 언어이다. 영어권 아동의 산출 자료에서 보면 대부분의 아동이 영어 어순에 맞는 순서를 발화하였다. 더 나아가, 영어권 아동들은 관사, 형용사, 조동사 등의 순서에서도 일정한 어순을 지킨다는 것이 발견되었다. 어순이 비교적 자유로운 러시아어에서도 초기 언어습득에서는 고정된 어순을 발화한다는 것이 보고되었다(Kim, 1997).

한국어는 기본 어순이 SOV이지만 격조사가 있기에 단어의 위치가 자유롭게 바뀔 수 있는 언어이다. 하지만 한국 아동들도 초기의 습득 단계에서는 고정된 어순으로 발화한다는 것이 보고되었다(조명한, 1982; Cho, 1981). 조숙환(Cho, 1981)은 세 명의 한국 아동의 산출 자료에서 한국어의 기본 어순인 SOV의 순서나, 기본 어순의 일부인 SO 또는 OV의 어순이 발화된 비율이 80% 이상임을 보고하였다.

② 부정문

부정문은 일정한 발달 단계를 거친다. 영어 부정문의 경우 4단계를 거쳐서 발달하는데, 첫 번째 단계에서 아동은 부정 표시어를 문장의 맨 앞에 놓는다(1단계: 'No+명제'). 두 번째 단계에서 부정 표시어는 수식될 동사 어간 옆에 놓이다가(2단계), 그다음 단계에 no, not, can't, don't 등을 적절한 장소에 삽입한다(3단계). 하지만 3단계에서 나타나는 can't나 don't와 같은 형태는 진정한 조동사의 부정으로 보이지는 않는다. 왜냐하면 이것이 진정한 조동사의 부정이라면 이전에 do나 can과 같은 조동사가 나타났어야 하는데, 그와 같은 조동사는 3단계

〈표 4-4〉 영어에서의 부정문 발달 단계

1단계	No sit there. No Mom sharpen it. No Fraser drink all tea.
2단계	I no want envelope. I no taste them.
3단계	Don't leave me. I can't catch you.
4단계	Paul can't have one. No, I don't have a book.

출처: de Villiers & de Villiers(1978).

이후에 나타나기 때문이다. 4단계에 가서야 여러 조동사가 긍정 또는
부정의 형태로 나타난다. 이때야 비로소 진정한 부정 규칙이 습득되
었다고 볼 수 있다.

한국어의 부정문 발달에서는 두 가지 현상을 지적할 수 있다. 첫째,
한국어에는 두 가지 형태의 부정문이 있는데, 하나는 동사 앞에 '안'을
첨가하는 '단형 부정(short-form negation)'이고 다른 하나는 '-지 아니
하다'의 형태를 구성하는 '장형 부정(long-form negation)'이다. 어린
아동들은 '장형 부정'보다 '단형 부정'을 먼저 발화하였는데, '장형 부
정'은 3세 이후에 나타난 반면에 '단형 부정'은 2세경에 나타났다(Kim,
1997). 또한 2세 아동에게 '장형 부정'을 들려주고 반복하게 했을 때
이 어린 아동들은 '장형 부정'을 '단형 부정'으로 대치하는 것을 볼 수
있었다(Cho & Hong, 1988). 이와 같은 결과는 '단형 부정'이 '장형 부정'
보다 먼저 발달한다는 것을 보여 준다.

> ③ 성인: 나무에 올라가지 않아.
>   아동: 나무에 안 올라 가.

둘째, '단형 부정'을 구성할 때 어린 아동은 부정 표시어 '안'을 잘못
놓는 오류를 범한다(Cho & Hong, 1988). '단형 부정'에서 부정 표시어
'안'은 동사 바로 앞에 위치해야 한다. 그런데 어린 아동의 경우 '안'을
동사 앞이 아니라 동사구 앞에 놓는 오류를 범하는 것을 볼 수 있었다
(Cho & Hong, 1988).

> 4 **안** 꿈 꿨어.　　　　　　(꿈 안 꿨어)
> 나 **안** 밥 먹어.　　　　　(나 밥 안 먹어)
> 꽃이 **안** 노래 불러.　　　(꽃이 노래 안 불러)

③ 복문

한국 아동은 2세가 조금 넘으면 복문을 산출하기 시작한다. 아동이 산출하는 복문은 접속문과 내포문으로 구별할 수 있는데, 접속문은 2개의 절을 나란히 병렬시키는 구조를 가지고 내포문은 관계절이나 보문절을 포함한다. 조명한(1982)은 한국 아동이 발화하는 접속문에서 두 가지 현상을 지적한다. 첫째, 초기에 출현하는 접속문에는 접속사 또는 접속 어미가 자주 생략된다.

> 5 아야 똥 누 올께 (애기야 똥 누고 올게)

5와 같은 발화에서 보면 '누고'의 접속 어미 '고'가 생략되어 있음을 볼 수 있다. 접속사가 생략되는 현상은 영어, 독일어, 터키어, 이탈리아어 등에서도 찾아볼 수 있다(Clancy, Jacobsen, & Silva, 1976; 조명한, 1982에서 재인용). 둘째, 접속문 유형의 출현 순서를 보면 대등 대립, 시간적 연속 및 원인의 접속이 먼저 출현하고 나서 한정 조건 및 동시성의 접속이 나타난다(Clancy et al., 1976).

> ⑥ a. 놔 두고 산에 가자 (2:5(16), 대등)
>   b. 학교 가서 공부하세요 (2:5(20), 시간적 연속)
>   c. 지지돼서 버려요 (2:5(21), 원인)
>   d. 문 안 닫으께 아빠 방에 가 (2:5(23), 한정 조건)
>   e. 가면서 먹을래 (2:5(23), 동시성)

　복문의 또 다른 유형은 내포문인데 초기에 나타나는 내포문은 '거'를 포함하고 있는 경우를 쉽게 찾아볼 수 있다.

> ⑦ a. 아빠 학교 가서 사온 거야 (2:5)
>   b. 돌로 밟고 가는 거지 (3:1)

　심지어는 '거'와 의미가 분명한 명사가 연이어 나열되기도 한다.

> ⑧ 배 타는 거 사람이야?

　이와 같이 초기 아동의 내포문에서 나타나는 '거'의 문법적 성질은 논쟁이 되고 있다. 이 논쟁은 언어습득을 설명하는 2개의 가설(연속성 가설 대 성숙 가설)과 밀접하게 관련이 되어 있기에 흥미롭다. 연속성 가설(continuity hypothesis)은 문법의 본유적 원리들이 초기부터 존재하고 언어발달과정을 통해 연속적으로 작동한다는 가설이다(Pinker, 1984). 이 가설에 따르면 아동 문법과 성인 문법이 질적으로 다르지 않다는 것이다. 반면에 성숙 가설(maturational hypothesis)은 문법의 원리들이 처음부터 존재하는 것이 아니고 생물학적 성숙에 의해서 발현된다는 가정이다(Borer & Wexler, 1987; Radford, 1990). 이 가설에 따르면 아동 문법은 성인 문법과 그 양상이 다를 수 있다. 특히 래드퍼드(Radford, 1990)는 아동의 문법에는 보문자, 굴절(inflection) 등의 기능 범주가 결여되어 있고 명사, 동사, 형용사 등의 어휘적 범주만이 존재한다고 주장하였다. 기능 범주가 생물학적으로 성숙함으로써 아동은 기능어를 사용할 수 있다는 것이다. 이귀옥(Lee, 1990)은 한국어 관계절 습득에서 나타나는 '거'를 기능적 범주인 보문자라고 분석하고, 이것을 기능 범주가 한국 아동 문법의 초기부터 존재한다는 증거로 해석하며 언어습득에서 연속성 가설을 지지하였다. 하지만 김영주(1997)는 '거'가 보문자라기보다는 핵명사일 가능성을 제시하며 한국어 관계절 습득에서 나타나는 현상이 연속성 가설을 지지해 주는 증거로 해석하는 것에 주의를 기울여야 한다고 지적하고 있다.

요약

아동은 태내에서부터 소리를 들을 수 있다. 그리하여 아동은 태어나자마자부터 언어의 소리들을 구별한다. 1개월경에 말소리를 표상하는 최소 단위인 음소 구별이 가능하다. 놀라운 것은 어린 영아들이 모국어에서 사용하지 않는 음소도 구별할 수 있다는 점이다. 이러한 음소 구별 능력은 모국어 습득이 진행되면서 모국어에 있는 음소만을 구별하도록 축소된다. 이러한 현상은 언어 보편적인 음소 구별 능력이 모국어로 수렴되면서 생긴 결과로 보인다. 아동의 언어 산출을 살펴보면 6~7개월경에 옹알이를 시작하고 1년 정도가 되면 첫 단어를 산출한다. 일반적으로 첫 단어를 산출할 때 언어발달이 시작되었다고 하지만 단어에 대한 이해는 산출에 앞서 일어난다. 어린 영아들이 단어를 어떻게 찾아낼 수 있는지는 흥미로운 연구 주제이다. 어린 아기들은 연속되는 말소리를 듣고 자란다. 단어를 인식하기 위해서는 연속적으로 흘러가는 말소리의 흐름 속에서 단어를 분절해 내야 한다. 이러한 단어 분절과 관련하여 두 가지 학습기제가 제시되었다. 하나는 말소리 연쇄에 내재된 전환확률을 계산하는 통계적 학습을 통해 단어 분절이 가능하다는 것이고 다른 하나는 말소리에 내재된 상징패턴의 규칙을 찾아내는 학습기제로 가능하다는 것이다.

아동이 알고 있는 모든 단어의 집합을 어휘라 한다. 아동의 초기 어휘에는 명사가 많이 출현한다. 또한 아동이 초기에 사용하는 단어는 실제 의미하는 것보다 과잉 축소되기도 하고 과잉 확대되기도 한다. 첫 단어가 산출되고 나서 6개월 정도 지나면 어휘가 폭발적으로 증가한다. 이러한 어휘 폭발을 설명하기 위해 여러 가지 기제가 제기되었다. 첫째, 단어 의미를 어휘적으로 제약해 주는 기제들이 있기에 아동은 빠르게 단어 의미를 추론할 수 있다. 어휘적 제약으로 온전한 대상 제약, 분류학적 제약, 상호배타성 제약이 제시되었다. 온전한 대상 제약은 새로운 단어가 부분이 아니라 온전한 대상을 지칭하는 것으로 추론하게 해 준다. 분류학적 제약은 하나의 단어가 같은 범주에 속하는 대상을 지칭하는 것으로 추론하게 해 준다. 상호배타성 제약은 하나의 사물은 하나의 이름만을 가진다고 추론하게 해 주는 제약이다. 어휘적 제약이 아닌 다른 방식으로 단어 의미 추론을 설명하는 접근들이 있다. 화용적 접근에서는 사회적 상호작용 과정에서 화용적 단서를 찾아내고 그것을 이용하여 단어 의미를 추론한다고 가정한다. 화용적 단서의 대표적인 예는 의도이다. 아동은 화자의 눈길에서 의도를 찾아내고 이것을 근거로 단어 의미를 추론한다. 또한 지각적 유사성, 기능적 유사성, 존재론적 범주 등도 단어의미 추론에 관여한다는 주장이 있다.

아동이 첫 단어를 산출한지 6개월 정도가 지나면 2개의 단어를 조합하기 시작한다. 초기에 산출된 두 단어 조합은 기능어가 생략된 전보문의 특성을 보인다. 주로 내용어만을 연결하는 두 단어 조합에서도 규칙을 찾아볼 수 있다. 분포분석은 두 단어의 분포를 분석했을 때 주축어와 개방어로 조합되어 있음을 주장한다. 또 다른 분석에서는 두 단어 조합이 여덟 가지의 의미적 관계로 구성되어 있음을 주장한다.

산출자료만을 분석하면 아동의 언어 능력이 과소평가되기 쉽다. 이러한 제한점은 아동의 언어 이해 연구를 통해 보완될 수 있다. 최근에 영아들의 언어 이해를 탐구할 수 있는 다양한 새로운 연구방법이 개발되면서 영아들이 다양한 문법 지식을 아주 일찍부터 갖고 있음을 알게 되었다. 새로운 연구 방법 중하나인 선호적 보기 절차는 두 단어 시기 이전의 아동들이 다양한 어휘를 이해하고, 주어와 목적어와 같은 문법적 범주를 구별하고, 자동사와 타동사가 포함된 문장구조를 이해하고 있음을 보여 주었다. 두 단어 시기를 넘어 세 단어 이상이 결합되면서 생략된 다양한 문법적 표지가 출현하기 시작한다. 영어의 경우 다양한 형태소가 출현하고, 한국어의 경우에도 주격조사나 목적격조사와 같은 형태소, 서법을 표현하는 종결어미, 과거시제 어미 등 다양한 형태소가 출현하기 시작한다. 또한 구조적인 측면에서도 어순을 이해하고, 부정문이나 복문과 같은 보다 복잡한 문장 구조를 사용하기 시작한다.

INTRODUCTION
TO
PSYCHOLOGY

05 _

언어와 마음이론

마음이론은 인간의 행동이 바람, 의도, 믿음과 같은 마음상태에서 비롯된다는 것을 이해하고 그 마음상태를 추론하는 능력이다. 마음이론에 대한 연구가 인지발달 연구의 주된 흐름으로 자리 잡으면서 언어와 마음이론과의 관계가 주목을 받게 되었다. 일반적으로 마음상태를 이해한 내용은 주로 언어로 표현되고, 언어를 효율적으로 사용하기 위해서는 다른 사람의 마음상태를 추론하는 것이 필요하다고 생각할 수 있다. 이처럼 인간 고유의 능력으로 간주되는 언어와 마음이론은 어떤 식으로든 연결되어 있을 가능성이 있다. 이 장에서는 언어와 마음이론 간의 관계에 대한 이론적 논쟁과 그에 대한 실증적 증거들을 살펴보고자 한다.

아동은 사회적 환경에서 다른 사람과의 상호작용을 통해 언어를
배우고 사용하게 된다. 아동은 4세경에 자신의 모국어 지식을 거의
다 습득하게 되는데, 이러한 아동의 언어습득 현상은 언어발달 자체
뿐만 아니라 인간의 마음을 들여다볼 수 있는 창이 된다는 점에서
많은 연구자들의 관심의 대상이 되었다. 최근에 마음이론(theory of
mind)에 대한 연구가 인지발달 연구의 주된 흐름으로 자리 잡으면서
언어와 마음이론의 관계가 주목을 받게 되었다. 마음이론은 인간의
행동이 바람, 의도, 믿음과 같은 마음상태에서 비롯된다는 것을 이해
하고 그 마음상태를 추론하는 능력이다(Perner, 1991; Wellman, 1990).
이 두 능력 모두 인간을 다른 동물과 구별지어 주는 중요한 능력으
로 간주된다(Doherty, 2013). 다시 말해, 인간이 사용하는 언어는 다
른 동물의 의사소통 체계와 질적으로 다르고, 인간이 마음을 이해하
는 것은 다른 동물이 이해하는 것과 질적으로 구별된다는 것이다. 일
반적으로 마음상태를 이해한 내용은 주로 언어로 표현되고, 언어를
효율적으로 사용하기 위해서는 다른 사람의 마음상태를 추론하는 것
이 필요하다고 생각할 수 있다. 이처럼 인간 고유의 능력으로 간주
되는 언어와 마음이론은 어떤 식으로든 연결되어 있을 가능성이 있
다. 1990년대 이후 언어와 마음이론 간의 관계에 대한 연구가 활발
하게 진행되었는데, 이 두 능력이 어떻게 연결되는가에 대해서는 논
쟁이 되고 있다(Astington & Jenkins, 1999; Baldwin et al., 1996; Bloom,
2000; de Villiers, 1995, 2000, 2005; de Villiers & Pyers, 2002; Hale &
Tager-Flusberg, 2003; Jenkins & Astington, 1995; Perner, Sprung, Zauner,

& Haider, 2003; Perner, Zauner, & Sprung, 2005; Slade & Ruffman, 2005; Tardif & Wellman, 2000). 이 장에서는 언어와 마음이론 간의 관계에 대한 이론적 논쟁과 그에 대한 실증적 증거들을 살펴보고자 한다. 언어와 마음이론 간의 관계를 살펴보기 전에 마음이론의 주요 개념들을 간략하게 소개하기로 한다.

1. 마음이론

마음이론은 인간을 다른 동물과 구별지어 주는 능력으로 간주되고 있지만, 아이러니하게도 이 용어가 처음 사용된 것은 침팬지를 대상으로 한 연구에서였다. 프리맥과 우드러프(Premack & Woodruff, 1978)가 침팬지 연구에서 최초로 마음이론이란 용어를 사용하였는데, 이들은 마음이론을 자신이나 다른 대상에게 마음상태가 있다고 이해하는 능력으로 정의 내렸다. 이들이 마음상태를 구성하는 요소라고 생각한 것은 목적이나 결과와 관련하여 바람(desire)이나 의도(intention)를 이해하는 능력이었다. 하지만 이러한 정의는 논란이 되었다. 데넷(Dennett, 1978)은 인간 마음을 이해하기 위해서는 행동을 이끄는 믿음(belief)이 있다는 사실을 인식하는 것이 중요하다고 주장하였다. 바람이나 의도와는 달리 믿음은 인식론에 기반을 둔 보다 고차적인 정신활동이다. 이후의 많은 연구자는 프리맥과 우드러프(1978), 그리고 데넷(1978)의 주장을 통합하여 마음이론을 인간의 행동이 바람, 의도,

믿음과 같은 마음상태에서 비롯된다는 것을 이해하고 그 마음상태를 추론하는 능력이라고 정의한다(Perner, 1991; Wellman, 1990).

다양한 마음상태의 구성요소들을 이해하는 능력은 아동이 발달하면서 다른 시기에 나타나는 것을 볼 수 있다. 마음상태의 구성요소 중 의도나 바람을 이해하는 능력은 아주 일찍 나타나서 적어도 18개월에서 24개월 정도면 그러한 마음상태를 이해한다는 증거들을 찾을 수 있다(Bartsch & Wellman, 1995; Meltzoff, 1995; Repacholi & Gopnik, 1997). 하지만 인식론적 사고를 바탕으로 하는 믿음에 대한 이해는 3세가 되어야 가능해지고(Bartsch & Wellman, 1995), 더 나아가 사실과 일치하지 않은 믿음인 틀린 믿음(false belief)에 대한 이해는 4세가 되어야 가능해진다(김혜리, 1997; Perner, Leekam, & Wimmer, 1987; Wimmer & Perner, 1983). 이와 같이 마음상태에 대한 이해에서 나타나는 발달적 차이는 마음이론의 구성요소들의 이해가 다른 능력을 필요로 할 수 있다는 생각을 하게 해 주었다. 이 장에서는 마음의 구성요소 중 언어와 관련하여 많은 연구가 수행된 의도와 틀린 믿음에 대해 초점을 맞출 것이다.

1) 의도

다른 사람의 의도를 감지하는 것은 행위를 일으키는 내면에 숨겨져 있는 동기를 파악하는 것이기에 복잡한 인지과정이다. 하지만 시선 따라가기(gaze following)나 함께 주의하기(joint attention)와 같은 능력을 의도를 이해하는 징표로 본다면 1세 이전의 영아들도 의도를 이해한다고 볼 수 있다. 시선 따라가기가 단순히 다른 사람의 시선을 따라가는 것이라면, 함께 주의하기는 아동이 다른 사람이 보고 있는 것에 주의를 돌려서 동일한 대상에 함께 주의를 기울이는 것이다(Scaife & Bruner, 1975). 시선 따라가기가 2자 간의 관계를 형성한다면, 함께 주의하기는 아동, 다른 사람, 대상 간의 3자 간 관계를 형성한다. 그리하여 함께 주의하기는 시선을 따라가는 것 이상의 정신적 역동을 포함한다(Baron-Cohen, 2005). 그렇다면 이러한 능력은 어떻게 의도를 이해한다는 증거가 될 수 있는가? 버터워스(Butterworth, 1991)는 9개월 된 영아들이 엄마의 시선을 눈으로 따라갈 수 있다는 증거를 제시하며 이러한 반응이 출현한 것은 영아들이 엄마가 무언가에 주의를 기울이려고 한다는 것을 알아챘기에 가능한 것이라고 해석하였다. 이러한 해석이 가능하다면 이것은 영아들이 엄마의 의도를 이해한다는 것을 보여 주는 증거가 될 것이다(Baron-Cohen, 2005; Bloom, 2000). 시선이 의도와 관련됨을 보여 주는 또 다른 연구가 있다. 존슨, 슬러터와 캐리(Johnson, Slaughter, & Carey, 1998)는 12개월 된 영아들에게 얼굴이 없는 로봇들을 보여 주었다. 그중 한 로봇은 삐 소리나 불빛이 있을 때마다 영아들과 상호작용하였고, 또 다른 로봇은 그러한 상호작용을 보이지 않았다. 영아들은 그들과 의미 있는 상호작용을 한 로봇에 대해서는 로봇의 앞부분이 움직이는 방향으로 시선을 움직였으나 상호작용을 하지 않는 로봇에 대해서는 그러한 반응을 보이지 않았다. 이러한 결과는 영아들이 자신과 상호작용하던 로봇을 마치 사람처럼 간주하며, 그 로봇의 움직임은 어떤 의도에 의해 일어났다고 추론하였기에 로봇이 움직이는 방향으로 시선을 따라가는 반응을 보인 것이라고 해석될 수 있다.

18개월이 지나면서 아동들은 의도를 이해하는 보다 직접적인 증거들을 보여 준다(Bartsch & Wellman, 1995; Meltzoff, 1995). 멜조프(Meltzoff, 1995)는 18개월 된 아동들에게 실험자가 새로운 장난감을 가지고 어떤 행동을 하려는 것을 보여 주었다. 예를 들어, 네모난 버튼이 있는 작은 상자와 이 버튼을 누를 수 있는 막대기를 아동에게 보여 주고 이 버튼을 누르면 소리가 나도록 장치하였다. 목표 집단의 아동들에게는 실험자가 버튼을 막대기로 눌러서 소리를 내는 것을 보여 주었다. 의도 집단의 아동들에게는 실험자가 막대기를 이용해서 버튼을 누르려고 하였지만 항상 실패하는 장면을 연출하였다. 따라서 부저 소리가 난 적이 없었다. 통제 집단(기저선 집단)의 아동들에게는 실험자의 목표행동을 보여 주지 않고 단지 장난감을 아동에게 건네주었다. 아무런 처치 없이 아동들이 자발적으로 버튼을 누르는 행동을 얼마나 하는지를 측정한 것이다. 이 통제 집단에서는 목표행동을 보여 주지 않았다. 목표행동을 성공적으로 수행하는 것을 본 목표 집단의 피험자들은 자신들이 본 행동을 대부분 모방하였다. 놀라운 결과는 의도 집단에서 발견되었다. 목표행동을 시도하였지만 실패한 장면을 보았던 의도 집단의 아동들도 목표행동에 성공한 장면을 본 집단의 아동들만큼 목표행동을 성공적으로 수행하였던 것이다. 목표 달성은 실패하였지만 그 실패한 행동에서 아동들은 실험자의 의도를 추론하였고, 그러한 추론에 기반을 두어 목표행동을 완성할 수 있었던 것이다.

2) 틀린 믿음

아동의 연령이 증가하면서 믿음과 같은 보다 고차적인 마음상태를 이해하게 된다. 믿음은 어떤 사실에 대해 자신이 가지고 있는 생각이다. 믿음은 추상적이어서 눈으로 볼 수 없지만 행동을 결정해 준다. 예를 들어, 먹을 것을 찾으러 냉장고 문을 여는 아동은 그 냉장고 안에 먹을 것이 있다고 믿기 때문이다. 3세가 되면 초보적인 믿음에 대한 이해가 가능해진다(Bartsch & Wellman, 1995). 하지만 3세가 이해하는 믿음에는 제한이 있다. 사실과 일치하는 믿음만을 이해할 뿐이다. 사실과 일치하지 않는 틀린 믿음에 대한 이해는 후에 나타난다. 어떤 아이가 책을 학교에 두고 왔다고 생각하여 책을 가지러 학교로 돌아갔지만 실제로 책이 집 책상 위에 있었다면 이 아이의 믿음은 사실과 다른 틀린 믿음인 것이다. 이 아이의 행동을 이해하기 위해서는 이 아이 마음속에 있는 표상(책이 학교에 있다)을 표상할 수 있어야 한다. 이와 같은 표상에 대한 표상을 상위표상(metarepresentation)이라 하는데, 틀린 믿음을 이해하기 위해서는 상위표상을 이해하는 것이 필수적이다. 틀린 믿음의 표상적 특성을 이해하는 것은 마음을 표상으로 이해하는 결정적 증거가 되기에, 일부 연구자들은 마음을 이해하는 시점을 틀린 믿음을 이해하는 시점으로 잡기도 한다. 또한 이러한 이

유 때문에 마음이론 연구에서 틀린 믿음 연구는 핵심적인 주제로 자리매김을 하게 되었다.

많은 연구자들은 틀린 믿음 이해에 대한 발달적 변화가 3세와 4세 사이에서 일어난다는 것을 발견하였다. 이러한 주장은 주로 '위치' 변화에 대한 표상을 요구하는 과제와 '내용' 변화에 대한 표상을 요구하는 과제를 통해 입증되었다. '위치' 변화 과제의 예는 다음과 같다 (Wimmer & Perner, 1983). 위머와 퍼너(Wimmer & Perner, 1983)는 아동들이 변화된 장소에 대한 표상을 형성할 수 있는지를 측정하기 위해 아동들에게 다음과 시나리오를 들려주었다. 맥시(Maxi)라는 아이가 초콜릿을 어떤 장소(장소 A)에 놓고 나간 후 엄마가 들어와서 초콜릿을 다른 장소(장소 B)에 옮겨 놓고 나간 후 맥시가 들어왔다고 아동에게 말해 준 후 아동에게 "맥시는 초콜릿이 어디에 있다고 생각하겠니?"와 같은 질문을 한다. 이때 3세 아동들은 맥시가 놓고 간 장소(장소 A) 대신 엄마가 초콜릿을 옮겨 놓은 장소(장소 B)에 초콜릿이 있을 것이라고 답을 한 반면에 4세 아동들은 맥시가 놓고 간 장소(장소 A)에 초콜릿이 있을 것이라고 답을 하였다. 이 과제에 성공하기 위해서는 아동은 맥시가 가지고 있는 장소 표상에 대한 표상을 만들어야 하고, 맥시가 세상에 대해서 갖고 있는 표상이 사실과 일치하지 않는다는 것을 파악해야 한다. 4세 아동들이 이 과제를 성공할 수 있었던 것은 이 아동들이 맥시의 표상에 대한 표상을 만들 수 있었기 때문이다.

틀린 믿음을 측정하는 또 다른 과제인 '내용'변화 과제의 예는 다음과 같다. 퍼너, 리캠과 위머(Perner, Leekam, & Wimmer, 1987)는 아동

[그림 5-1] 스마티즈(Smarties) 상자

에게 스마티즈(Smarties)[2] 상자를 보여 주면서 이 안에 무엇이 있는지
를 질문한다. 이 경우, 대부분의 아동들은 초콜릿이 있다고 답을 한
다. 그다음에 상자를 열고 그 안에 있는 초콜릿을 꺼내고 연필을 넣고
상자를 닫은 후 아동에게 다시 다음과 같은 일련의 질문을 한다. "아
까 이 상자를 처음 보았을 때 무엇이 있다고 생각했니?" "그런데 지금
은 무엇이 있다고 생각하니?" "이 상자를 네 친구에게 보여 주면 그 친
구는 이 상자 안에 무엇이 있다고 생각하겠니?" 맥시 과제에서와 마
찬가지로 4세 이전의 아동들은 상자를 열어 보기 전이나 열어 본 후
모두에 연필이 들어 있다고 답을 하였고, 이 상자를 처음 본 친구들도
연필이 들어 있다고 답을 할 것이라고 말했다. 이러한 결과 역시 4세
이후에 상위표상을 이해한다는 증거로 해석되었다. 틀린 믿음 이해
와 관련하여 3세와 4세 사이에 발달적 변환이 있다는 결과는 많은 후

---

2 스마티즈(Smarties)는 영국에서 잘 알려진 초콜릿 상표로서 아이들은 스마티즈 상자만
보아도 그것이 초콜릿 상자라는 것을 안다.

속 연구들에 의해 재확인되었다. 웰먼, 크로스와 왓슨(Wellman, Cross, & Watson, 2001)은 전 세계에서 수행된 500여 개의 틀린 믿음 연구들을 메타분석하여 2세에서 3세 전반까지의 아동들은 틀린 믿음 수행에 오류를 범하였지만 3세 후반부터 과제를 성공하는 비율이 증가한다는 결과를 보고하였다.

2. 언어와 마음이론

언어는 음운, 어휘, 통사적 구조 및 의미, 의사소통의 화용적 기능 등 다양한 수준에서 정의된다. 마음에 대한 이해 역시 의도, 바람, 믿음, 틀린 믿음 등 다양한 구성요소들을 이해하는 것이 필요하다. 이와 같이 다양한 측면을 가지고 있는 언어와 마음이론은 사회적 세계를 이해하고 전달하는 데 중요한 역할을 한다. 일상생활에서 상대방의 마음을 이해하지 않고 적절한 의사소통이 이루어질 수 없을 것이고, 언어를 사용하지 않으면 자신이나 타인에 대한 감정, 의도, 바람, 생각 등의 마음상태를 전달하는 데 어려움을 겪게 될 것이다. 이런 측면을 고려해 볼 때 언어와 마음이론은 어떤 식으로든 연결되어 있을 가능성이 있다. 그렇다면 발달적 측면에서, 언어와 마음이론은 어떻게 관련될 수 있을까? 일반적으로 무언가를 언어로 표현하는 것은 그것에 대한 개념이 있기 때문이라고 생각한다(Sinclair-deZart, 1969). 하지만 다른 경우도 있다. 자기가 말하고 있는 단어의 의미를 잘 모르면서 사용하던 아이는 그 단어를 사용하면서 그에 상응하는 개념을 알게 되기도 한다(Vygotsky, 1962). 이러한 발달의 방향은 언어와 마음이론의 관계에서도 논쟁이 되고 있다. 1990년대부터 언어가 마음이론 발달에 영향을 주는지, 영향을 준다면 어떤 영향을 주는지, 또는 반대의 영향, 즉 마음이론이 언어발달에 기여하는지와 같은 논쟁이 시작되면서 많은 연구가 수행되었다(Astington & Jenkins, 1999; Baldwin et al., 1996; Cheung, Hsuan-Chih, Creed, Ng, Wang, & Mo, 2004; de Villiers, 1995, 2000, 2005; de Villiers & Pyers, 2002; Farrar, Lee, Cho, Tarmargo, & Seung, 2013; Hale & Tager-Flusberg, 2003; Jenkins & Astington, 1995; Perner, Sprung, Zauner, & Haider, 2003; Perner, Zauner, & Sprung, 2005; Slade & Ruffman, 2005; Tardif, So, & Kaciroti, 2007; Tardif & Wellman, 2000). 다음에서는 이 논쟁을 접근하는 연구결과들을 소개하고자 한다.

1) 마음이론 발달은 언어발달에 선행된다

일부 연구자들은 마음상태를 언어로 표현하기 위해서는 그 마음상태에 대한 개념을 이해하는 것이 필수적이라고 주장한다. 그리하여 언어가 시작되기 전부터 나타나는 마음상태에 대한 이해가 언어발달에 기초를 제공해 줄 수 있다고 주장한다(Akhtar & Tomasello, 1996; Baldwin, 1991, 1993; Baldwin et al., 1996; Bartsch & Wellman, 1995; Shatz, Wellman, & Silber, 1983; Tomasello & Barton, 1994; Tomasello,

Strosberg, & Akhtar, 1996). 다음에서는 이러한 주장을 지지해 주는 증
거로서 아동의 산출자료에서 나타난 마음상태 용어 사용, 함께 주의
하기 및 의도와 같은 마음상태 이해와 언어발달 간의 관계에 대한 연
구결과들을 살펴볼 것이다.

(1) 마음상태 용어

바트슈와 웰먼(Bartsch & Wellman, 1995)은 2~5세 사이의 미국 아
동들의 발화 자료에서 마음상태와 관련된 용어를 분석하여, 아동들이
아주 어린 연령부터 마음상태 용어를 자발적으로 발화한다는 것을 보
고하였다. 18~21개월의 어린 아동들은 바람과 관련된 용어를 빈번
하게 사용하였고, 이러한 표현은 24~36개월까지 지속적으로 증가하
다가 그 이후에는 감소하는 경향을 보였다. 반면에 믿음과 관련된 용
어는 어린 연령에는 거의 나타나지 않다가 바람에 관련된 용어가 감
소하는 32개월경에 급격하게 증가하고 그 이후에도 비교적 높은 비율
로 나타났다. 이들은 24~36개월 사이에 출현하는 바람과 믿음에 관
련된 용어 비율의 교차곡선에 주목하며, 이 시점이 틀린 믿음을 이해
하는 시기와 대략 일치한다고 주장하였다. 이들은 이러한 결과가 마
음이론 발달에서의 개념적 전환이 일어남을 시사해 준다고 보았다.
바트슈와 웰먼(1995)이 보고한 발달 패턴은 한국어를 대상으로 한 권
은영과 이현진(2009)에서도 찾아볼 수 있었다. 이들은 23~24개월에
서는 바람과 관련된 발화가 믿음과 관련된 발화보다 더 높은 비율로
나타났지만, 연령이 증가하면서 바람에 대한 발화가 다소 감소하였음

을 보고하였다. 이와는 대조적으로 믿음에 관련된 발화는 어린 연령에서는 낮은 비율로 나타났지만, 연령이 증가하면서 조금씩 증가하여 33~36개월 이후에는 바람에 대한 발화보다 더 높은 비율로 나타남을 볼 수 있었다. 이 결과는 바트슈와 웰먼(1995)의 주장을 대체로 지지해 주었다. 이 연구자들 역시 마음상태 용어를 사용하는 것을 그와 관련된 개념을 갖고 있다는 증거로 해석하였다. 이들은 바람에 대한 개념적 이해가 믿음에 대한 개념적 이해에 선행되고 3세 이후에 마음상태에 대한 이해에서 개념적 변화가 일어난다는 것을 발화 용어 사용을 통해 살펴보려 했던 것이다.

(2) 의도

앞에서 언급했듯이 함께 주의하기는 의도에 대한 이해를 바탕으로 한다. 토마셀로와 파라(Tomasello & Farrar, 1986)가 함께 주의하기가 초기 언어와 관계가 있음을 밝힌 이래로, 많은 연구들이 함께 주의하기와 언어와의 관계에 대한 연구를 수행하였다(Baldwin, 1995; Barton & Tomasello, 1991; Dunham & Dunham, 1992; Morales, Mundy, Delgado, Yale, Messinger, Neal, & Schwartz, 2000; Mundy & Gomes, 1998; Tomasello & Farrar, 1986; Tomasello & Todd, 1983). 이들 대부분은 함께 주의하기가 후의 언어발달을 예측해 줄 수 있다는 결과를 보고하고 있다. 예를 들어, 먼디와 고메스(Mundy & Gomes, 1998)는 14~17개월 사이의 영아들을 대상으로 시선 따라가기, 고개 돌리기, 가리키기와 같은 함께 주의하기 기술이 후의 언어발달과 어떤 관계가 있는지를

살펴보았다. 그 결과, 함께 주의하기 기술이 언어를 이해하는 능력과
밀접한 관계가 있음을 볼 수 있었다. 이러한 결과는 보다 어린 월령의
영아를 대상으로 한 모랄 등(Morale, Mundy, Delgado, Yale, Messinger,
Neal, & Schwartz, 2000)에서도 재확인되었다. 모랄 등(2000)은 6~18개
월 사이의 영아를 대상으로 함께 주의하기와 언어발달의 관계를 살펴
보았는데, 6개월에서 나타나는 함께 주의하기 능력이 후의 어휘 발달
을 예측해 줄 수 있음을 발견하였다. 이러한 결과는 함께 주의하기가
어휘 발달에 앞서 나타나며, 초기 언어발달을 예측해 줄 수 있는 변인
이라는 것을 시사해 준다. 이러한 결과를 종합해 보면, 함께 주의하기
기술의 발현은 언어발달에 선행되고, 언어발달을 예측할 수 있는 주
요 변인일 가능성이 있다.

아동들은 2세 이전에 의도를 이해한다는 직접적인 증거들을 보
여 주는데, 이러한 의도를 파악하는 능력이 단어 학습에 기반이 된다
(이현진, 2005; 이현진, 이경화, 2000; Akhtar & Tomasello, 1996; Baldwin,
1991, 1993; Baldwin et al., 1996; Bloom, 2000; Bloom & Markson, 1998;
Gelman & Ebeling, 1998; Tomasello & Barton, 1994; Tomasello & Farrar,
1986; Tomasello et al., 1996). 앞 장에서 살펴본 볼드윈 등(1996)에서도
그 증거를 찾아볼 수 있다. 이들은 실험을 통해 15~20개월 된 영아
들이 새로운 이름을 배울 때 의사소통하려는 화자의 의도를 탐지하고
그것을 이용한다는 것을 보여 주었다. 의도가 단어 학습에 기반이 될
가능성은 조금 더 나이 든 아동들에게서 보다 분명하게 볼 수 있다.
블룸(Bloom, 1996)은 대상물을 분류할 때 형태나 기능보다는 그 대상

물을 만든 사람의 의도가 중요하다고 주장하였다. 예를 들어, 우리는 전형적인 의자의 모습을 머릿속에 떠올릴 때, 우선 앉을 수 있는 편형의 판이 있고 그 판을 4개의 다리가 지탱하는 모습을 상상할 것이다. 하지만 어떤 사람이 공과 같은 모양의 물건을 만들고 그것을 의자라고 부르려 한다면 그 비전형적인 의자도 의자의 범주에 속하게 될 것이다. 이처럼 대상물은 모양과 관계없이 의도에 의해 분류될 수 있다. 또한 기능만으로 의자의 범주를 결정할 수 없다. 의자를 앉을 수 있는 기능으로 정의한다면 앉을 수 있는 것은 모두 의자의 범주에 속해야 할 것이다. 예를 들어, 책상 위에 앉을 수 있다고 해도 그 앉는 기능이 책상을 의자라는 범주에 포함시키지는 않는다. 이러한 논리를 기반으로 블룸(1996)은 그 물건을 만든 사람의 의도가 그 물건의 범주를 결정하는 데 결정적인 요인이라고 주장하였다. 더 나아가, 그 물건의 이름을 붙일 때에도 만든 사람이 의도가 중요한 역할을 한다고 주장하며 이러한 논리를 근거로 단어 학습에서의 의도의 역할을 살펴보았다(Bloom & Markson, 1998; Gelman & Bloom, 2000; Gelman & Ebeling, 1998).

블룸과 마크슨(Bloom & Markson, 1998)은 단어 학습의 주요 요인으로 제안되어 온 모양 유사성과 의도 중 어느 요인이 더 중요한 역할을 하고 있는지를 3세와 4세 아동을 대상으로 검증하고자 하였다. 이들은 3세와 4세 아동들에게 풍선과 막대사탕을 그리도록 하였다. 아동들이 그린 풍선과 막대사탕 그림은 별로 다르지 않았다([그림 5-2] 참조). 그림을 그린 후 10~15분이 지나서, 실험자는 아동들에게 그들이 그린 그림을 보여 주면서 그것이 무엇인지를 물어보았다. 그려진 그림은 풍선인지 막대사탕인지 구분할 수 없을 정도로 유사하였다. 하지만 3세와 4세 아동들은 처음에 자신이 그리려고 했던 의도를 기억해서 그림마다 정확하게 이름을 붙였다. 이러한 결과는 아동이 인공물에 대해 이름을 붙일 때 모양보다 그것을 만든 사람의 의도를 중요하게 고려한다는 것을 보여 준다.

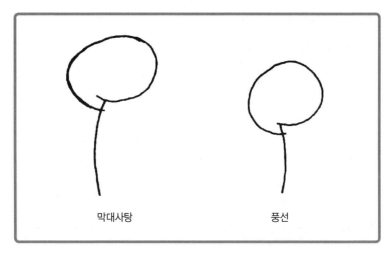

[그림 5-2] 블룸과 마크슨(1998)에서 아동이 그린 그림

하지만 이러한 결과에 대해 다음과 같은 의문을 제기할 수도 있을 것이다. 이 그림은 아동이 그린 것이기에 모양 대신 자신이 원래 그리려 했던 의도를 기억해서 이름 붙인 것이 당연할 수 있기 때문이다. 겔먼과 에벨링(Gelman & Ebeling, 1998)은 이러한 문제점을 고려하며 단어 학습에서 의도의 영향을 재검증하고자 하였다. 이들은 3세 아동

2. 언어와 마음이론 171

들에게 어떤 자극을 보여 주며 그 자극이 만들어지는 과정을 말해 주
었다. 한 집단에게는 "미술 시간에 존은 선생님을 그리려고 하고 그림
물감을 사용해서 그림을 그렸어."라고 말해 주었다(의도 집단). 또 다
른 집단에게는 "존의 아버지가 페인트칠을 하고 있었어. 그런데 존이
그 앞을 지나가다가 실수로 페인트 통을 마룻바닥에 엎질러 버렸어."
라는 이야기를 들려주었다(우연 집단). 그러고 나서 앞에서 보여 주었
던 자극을 선으로 그린 그림을 보여 주며 "이것이 무엇처럼 보이니?"
라고 물어보았다. 부연하자면 의도 집단과 우연 집단에 보여 준 그림
의 모양은 똑같았다. 이 질문에 대한 아동의 반응은 네 가지로 분류되
었다. 그림의 모양에 근거하여 이름을 붙이는 경우(예: 사람), 그림을
설명하거나 자극을 만들게 된 재료에 대해 설명하는 경우(예: 페인트
에 대한 설명), 잘 모르겠다고 하는 경우, 그리고 기타 반응으로 구별하
였다. 그 결과, 의도 집단의 아동들은 모양에 근거한 '이름 붙이기' 반
응을 더 많이 보였고, 우연 집단의 아동들은 자극이 만들어진 재료에
근거한 '설명하기' 반응을 더 많이 보였다. 자극을 만든 사람의 의도
가 개입되었을 때와 개입되지 않았을 때 아동의 반응이 달라졌던 것
이다. 이처럼 이름 붙이기 반응은 의도와 밀접한 관련이 있었다. 이러
한 결과는 그림과 같은 표상적 성질을 가지는 자극뿐만 아니라 도구
나 의류와 같은 비표상적 인공물을 사용했을 때에도 반복 검증되었다
(Gelman & Bloom, 2000). 이상의 연구결과 모두 언어발달이 의도에 기
반을 두고 있음을 보여 준다.

2) 언어 능력은 마음이론 발달에 선행된다

어떤 개념을 아는 것이 그 개념을 표현하는 것에 앞서 발달할 것으로 생각하는 것은 상식적일지 모른다. 하지만 최근에 언어와 마음이론의 관계에서는 이러한 상식적인 생각에 반하는 주장들이 제기되었다. 마음상태를 표현하는 언어 지식이 습득되어야 마음에 대한 개념들을 이해할 수 있다는 것이다. 마음이론 발달에 언어가 중요한 역할을 한다는 주장에서 논쟁이 되고 있는 것은 어떠한 언어 능력이 마음이론을 촉진시킬 수 있는지다. 일부 연구자들은 어휘, 통사, 의미와 같은 일반적인 언어 능력이 마음이론 발달에 관여한다고 주장하였다(Astington & Jenkins, 1999; Cheung et al., 2004; Farrar et al., 2013; Jenkins & Astington, 1996; Slade & Ruffman, 2005; Tardif et al., 2007). 반면에 다른 연구자들은 일반적인 언어 능력이 아니라 문장보어(sentential complement)와 같은 특별한 통사 구조의 이해가 마음이론 이해에 선행되어야 한다고 주장하였다(이현진, Farrar, Seung, 김경아, 채민아, 권은영, 2008; de Villiers, 1995, 2000, 2005; de Villiers & Pyers, 2002; P. A. de Villiers, 2005; P. A. de Villiers , Burns, & Pearson, 2003; Hale & Tager-Flusberg, 2003; Lohman & Tomasello, 2003; Tager-Flusberg & Joseph, 2005). 이 논쟁은 마음이론 구성요소 중에서 주로 틀린 믿음에 대한 이해에 초점을 맞추고 있다.

드빌리에(de Villiers)를 비롯한 동료연구자들은 여러 언어 능력 중에서 문장보어 구조(sentential complement structure)의 이해가 틀린 민음 수행과 관련된다고 제안하였다(de Villiers, 1995, 2000, 2005; de Villiers & Pyers, 2002). 이들은 문장보어 구조와 틀린 믿음이 특정 논리를 공유하고 있다는 사실에 주목하였다. 틀린 믿음을 이해하기 위해서는 내가 어떤 사실에 대해 생각하고 있는 것이 사실과 다를 수가 있다는 것을 이해해야만 하는데, 문장보어를 포함하는 문장이 이러한 마음의 상태를 언어적으로 잘 표현해 준다. 예를 들어, '영수는 어제 비가 왔다고 생각했다.'라는 문장을 생각해 보자. 이 문장에서 실제 어제 비가 오지 않았다면 영수가 생각한 내용('비가 왔다')은 사실과 다르다. 진리값은 거짓이 된다. 하지만 영수가 비가 왔다고 생각한 것이 사실이라면 전체 문장에 대한 진리값은 '참'이 된다. 다시 말해, '생각한다'라는 동사를 포함하는 전체 문장의 의미는 '참'이지만(예: 영수가 'Y'라고 생각한다), 내포된 문장보어의 의미는 '거짓'인 것이다(예: 어제 비가 왔다).

문장보어의 내용이 전체 문장의 진리값과 상관없이 '거짓'일 수도 있다는 것을 이해하는 것과 틀린 믿음을 이해하는 것은 모두 '거짓' 명제를 이해해야 한다는 공통점이 있다. 이러한 논리적 근거를 바탕으로, 드빌리에 등(de Villiers, 1995, 2000, 2005; de Villiers & Pyers, 2002)은 문장보어 구조는 다른 사람이 가지고 있는 틀린 믿음을 들여다볼 수 있는 수단이 된다고 생각하였다. 이들은 또한 발달적 관점에서 문장보어를 포함하는 문장의 구조를 이해하는 것이 틀린 믿음 발달에 선행될 것이라고 가정하고, 이러한 가정을 증명하기 위해 여러 연구를 수행하였다. 그 결과, 이들은 문장보어의 이해가 틀린 믿음 발달에 선행되지만, 그 역의 관계는 성립되지 않는다는 증거를 제공하였다. 이러한 주장은 자폐아동(Tager-Flusberg & Joseph, 2005), 특수언어장애 아동(Specific Language Impairment: SLI) 집단(P. A. de Villiers, Burns, & Pearson, 2003), 청각장애 아동(P. A. de Villiers, 2005)을 대상으로 한 연구결과에 의해서도 지지되었다.

또한 문장보어를 훈련시킨 후에 틀린 믿음 수행이 증진되었다는 훈련 연구결과들도 이들의 주장을 지지해 주었다(Hale & Tager-Flusberg, 2003; Lohman & Tomasello, 2003). 이러한 주장은 교차언어학적인 지지도 얻었다. 이현진, 파라(Farrar), 승(Seung), 김경아, 채민아와 권은영(2008)은 한국 아동들을 대상으로 1년 동안 어휘, 문장보어(말하다, 생각하다를 포함하는 문장), 부정보어(원하다를 포함하는 문장) 및 틀린 믿음에 대한 이해를 세 번 측정하여 드빌리에 등의 주장을 검토하였다. 그 결과, 한국어의 '생각하다'와 '말하다'를 포함한 문장보어는 틀린 믿음 이해를 예측해 주었지만, 어휘나 부정보어는 틀린 믿음 이해를 예측해 주지 못한다는 것을 보고하였다.

하지만 또 다른 연구자들은 문장보어와 같은 특정한 구조가 아니라 어휘, 통사, 의미를 포함하는 일반적인 언어 능력이 틀린 믿음 발달에 관여한다고 주장하였다. 어휘 습득은 새로운 상징을 학습하는 것이기에 어휘 발달이 틀린 믿음 수행과 관련이 있을 것이라고 생각하여 일부 연구자들은 2세 때 수용 어휘를 측정하고 4세 때 틀린 믿음을 측정하였다(Farrar & Maag, 2002; Watson, Painter, & Bornstein, 2001). 이들은 2세 때 측정한 수용 어휘가 4세 때 틀린 믿음 이해와 상관을 보인다는 것을 보여 주었다. 어휘가 아닌 다른 일반적인 언어 능력도 틀린 믿음과 관련된다는 주장도 제기되었다. 애스팅턴과 젠킨스(Astington & Jenkins, 1999)는 표준화된 언어 검사를 사용하여 통사와 의미를 측정하고, 이것과 틀린 믿음 수행의 관계를 살펴보았다. 그 결과, 통사 능력은 틀린 믿음 이해에 중요하지만 의미는 그렇지 않았다.

러프먼과 슬레이드(Ruffman & Slade, 2005)는 수용 어휘, 어순 이해, 문장 이해, 관계절 이해 등의 일반적인 언어 능력을 측정하고, 이것들과 틀린 믿음 수행의 관계를 살펴보았다. 그 결과, 언어의 특정한 개별 요소들은 틀린 믿음과 특별한 관계를 보여 주지 않았지만, 이 여러 요소들을 통합한 언어 능력은 틀린 믿음 발달을 예측해 주었다. 이 결과를 토대로, 이들은 통사와 의미를 포함한 일반적인 언어 능력이 틀린 믿음과 관련된다고 주장하였다. 쳉 등(Cheung, Hsuan-Chih, Creed, Ng, Wang, & Mo, 2004)은 이러한 주장을 교차언어학적으로 검증하고자 하였다. 이들은 광둥어와 영어를 습득하는 아동들을 대상으로 문장보어 이해, 부정사보어 이해, 의미와 통사 지식을 포함한 일반적인 언어 능력을 측정하고 이 능력들이 틀린 믿음 이해와 어떻게 관련되는지를 살펴보았다. 그 결과, 두 언어에서 모두 문장보어와 부정사보어는 틀린 믿음을 예측해 주지 못했지만 일반적인 언어 능력은 틀린 믿음을 예측해 주었다. 이러한 연구결과는 타르디프 등(Tardif, So, & Kciroti, 2007)에서도 반복 검증되었다. 타르디프 등은 광둥어를 습득하는 아동들을 대상으로 일반적인 언어 능력과 문장보어의 역할을 종단적으로 살펴보았는데, 초기의 일반적인 언어 능력은 후의 틀린 믿음 발달을 예측해 주었지만 문장보어는 그렇지 못한다는 것을 보여 주었다.

파라 등(Farrar, Lee, Cho, Tarmargo, & Seung, 2013)은 한국어와 영어를 습득하는 아동을 대상으로 이러한 결과를 재검토하였다. 이들은 어휘, 문장보어, 부정사보어, 틀린 믿음을 종단적으로 측정하여 틀린 믿음 발달에 대한 언어의 역할을 접근하였다. 이들은 다층성장 모델(multi-level growth model)을 사용하여 6개월 간격의 세 시점의 자료를 분석하였다. 시간의 흐름에 따른 수용 어휘의 발달은 틀린 믿음 발달을 예측해 주었다. 하지만 문장보어는 일관된 결과를 보여 주지 못했다. 마음상태 동사인 'think'를 포함한 문장보어는 틀린 믿음 발달을 예측해 주었지만, 의사소통 동사인 'say'를 포함한 문장보어는 틀린 믿음 발달을 예측해 주지 못했던 것이다. 이러한 비일관적인 결과에 대해 이들은 'think'가 틀린 믿음 이해를 예측해 준 것은 문장보어라는 구조적 특성보다는 'think'라는 마음상태 동사의 내재된 의미 때문에 나타난 것으로 해석하며, 문장보어라기보다는 어휘와 같은 일반적인 언어 능력이 틀린 믿음 이해를 예측해 주는 변인임을 주장하였다.

이상의 연구들을 요약해 볼 때, 많은 연구가 언어가 틀린 믿음 추론과 관련되어 있음을 인정하지만, 언어의 어떤 요소가 틀린 믿음 수행과 관련되는지에 대해서는 각기 다른 주장을 하고 있음을 볼 수 있다. 이러한 결과는 언어 능력 중 여러 가지 요소가 복합적으로 상호작용하여 틀린 믿음 이해를 촉진시켰을 가능성을 제기해 준다. 이 가능성은 언어 능력과 마음이론 이해와의 관계를 살펴본 104개의 연구결과를 메타분석한 밀리건 등(Milligan, Astington, & Dack, 2007)의 결과에서 찾아볼 수 있다. 밀리건 등(2007)은 선행연구에서 다루었던 언어 능력을 일반적 언어 능력, 수용 어휘 능력, 의미 능력, 통사 능력, 문장보어 이해의 5개의 유형으로 나누어 분석하였다. 이들은 5개의 언어 유형이 모두 틀린 믿음 이해와 관련이 있음을 보여 주었다. 단지 설명량이 달랐는데, 어휘가 틀린 믿음 수행의 가장 작은 변량(12%)을 설명하였고, 그다음이 의미(23%), 일반적 언어(27%), 통사(29%), 문장보어(44%) 순으로 설명하였음을 보여 주었다.

언어와 마음이론 간의 관계에 대해서는 논쟁이 되고 있다. 일부 연구자들은 마음상태에 대한 이해가 언어발달에 기초를 제공해 줄 수 있다고 주장한다. 이러한 주장에 대한 지지증거는 산출 자료에서 찾아볼 수 있다. 아동은 아주 어릴 때부터 마음상태를 표현하는 용어를 사용하는데, 2세경에는 바람에 대한 용어가 빈번하게 출현하지만 3세 이후에는 바람 용어가 감소하는 대신 믿음을 표현하는 용어가 증가한다. 이처럼 바람과 믿음에 관련된 용어의 출현 빈도가 교차되는 것은 마음이론 발달에서 개념적 전환을 시사해 준다고 해석되었다. 또한 아동은 새로운 대상에 이름을 붙일 때 그것을 만든 사람의 의도를 중요하게 생각하기에, 마음상태 구성요소 중 하나인 의도를 파악하는 능력이 단어 학습에 기반이 된다. 이와 대비되는 주장은 언어 능력이 마음이론 발달에 선행된다는 것이다. 이러한 주장을 하는 연구자들 중 일부는 어휘, 통사, 의미와 같은 일반적인 언어 능력이 마음이론 발달에 관여한다고 주장하였다. 또 다른 연구자들은 일반적인 언어 능력이 아니라 문장보어에 대한 이해가 마음이론 이해를 이끈다고 주장하였다. 이러한 주장을 하는 사람들은 마음이론 구성요소 중 틀린 믿음에 대한 이해에 초점을 맞추고 있다. "영수는 어제

비가 왔다고 생각했다."와 같은 문장보어 구조가 틀린 믿음 이해에 선행된다
는 주장이 있는 반면에 문장보어와 같은 특정한 구조가 아니라 일반적인 언어
능력이 틀린 믿음 발달을 촉진시킨다는 주장도 있다. 이처럼 언어가 마음이론
과 관련되었다고 주장하는 연구자들의 세부적인 주장은 일치하지 않는다. 오
히려 언어의 여러 요소들이 복합적으로 상호작용하여 마음이론 이해를 촉진시
켰을 가능성이 있다. 이러한 가능성은 선행연구의 결과를 메타분석한 결과에
서 찾아볼 수 있다. 메타분석 결과는 언어의 여러 요소들이 틀린 믿음 이해를
설명해 줄 수 있는데, 그 중 어휘의 설명력이 가장 작고, 그 다음이 의미, 일
반적 언어, 통사, 문장보어 순으로 설명력이 커진다는 것을 보여 주었다.

참고문헌 <<<

권은영, 이현진(2009). 한국 아동의 일상생활 대화에서 나타난 바람과 믿음: 산출자료를 중심으로. 아동학회지, 30(6), 567-581.

김진우(1999). 언어습득의 이론과 실상. 서울: 한국문화사.

김영주(1997). 한국어와 일본어의 복합명사구 산출에서 발견되는 언어습득상의 실수와 그 이론적 의의. 언어학 이론과 한국어 의미 통사 구조 습득 I. 대우학술총서.

김민정, 배소영(2005). '아동용 조음검사'를 이용한 연령별 자음정확도와 우리말 자음의 습득연령. 음성과학, 12(2), 139-149.

김영태(1996). 그림자음검사를 이용한 취학전 아동의 자음정확도 연구. 말-언어장애 연구 제1권, 7-33.

김유정, 이현진(1996). 아동의 단어의미 추론에서 형태 유사성의 역할. 한국심리학회지: 발달, 9(1), 15-29.

김현주, 이현진, 채민아(1998). 정상 아동과 정신지체 아동의 단어의미 추론에서의 형태와 기능의 역할. 인간발달연구, 5(1), 39-52.

김혜리(1994). 단어의미 추론과정에 나타나는 상호배타성 가정: 긍정적 증거와 부정적 증거. 한국심리학회지: 발달, 7(2), 1-23.

김혜리(1997). 아동의 마음에 대한 이해 발달. 한국심리학회지: 발달, 10(1), 75-91.

이광오(1998). 한국어 음절의 내부구조: 각운인가 음절체인가. 한국심리학회지: 실험 및 인지. 10(1), 67-83.

이기정(1997). 음성, 음운 규칙의 발달. 새국어생활, 7(1), 81-102.

이승복(1995). 어린이의 언어능력과 획득과정. 한국 인간발달학회 제2회 학술발표대회논문집. 1-34.

이정민(1997). 서법(Mood)/양상표지의 습득. 언어학 이론과 한국어 의미 통사

구조 습득 I. 대우학술총서.

이현아, 김은영, 송현주(2017). 상호배타성 가정의 선택적 사용 능력의 발달: 2세와 3세 아동 비교 연구. 한국심리학회지: 발달, 30(1), 103-115

이현진(1995). 단어의미 습득에서의 존재론적 범주와 통사적 단서의 역할. 한국심리학회지: 발달, 8(1), 95-106.

이현진(2002). 한국어에서의 단어의미 추론: 존재론적 개념, 온전한 대상제약, 형태의 역할. 한국심리학회지: 발달, 15(4), 77-92.

이현진(2005). 단어의미 추론에서 상호배타성 제약과 의도의 역할: 한국어 자료를 중심으로. 한국심리학회지: 발달, 18(1), 79-95.

이현진, 이경화(2000). 한국어 단어의미 추론에서 존재론적 개념, 의도, 형태 복잡성의 역할. 한국심리학회지: 발달, 13(2), 15-26.

이현진, Farrar, J. M., Seung, H-K., 김경아, 채민아, 권은영(2008). 한국 아동에서 살펴본 언어와 틀린 믿음 발달 간의 관계. 한국심리학회지: 발달, 21(3), 1-20.

장유경(2004). 한국 영아의 초기 어휘발달: 18개월~36개월. 한국심리학회지: 발달, 17(4), 91-105.

조명한(1978). 언어심리학. 서울: 정음사.

조명한(1982). 한국 아동의 언어 획득 연구: 책략 모형. 서울대학교 출판부.

조경자, 김혜리(1994). 아이들이 사물의 이름을 추론하는 과정에서 보이는 상호배타성 가정. 한국심리학회지: 발달, 7(1), 220-244.

조숙환(2000). 국어의 과거시제와 양태소 습득. 인간은 언어를 어떻게 습득하는가: 언어의 의미, 통사구조, 습득에 관한 연구. 대우학술총서 482.

Akhtar, N., & Tomasello, M. (1996). Twenty-four month old children learn words for absent objects and actions. *British Journal of Developmental Psychology, 14,* 79-93.

Astington, J. W., & Jenkins, J. M. (1999). A longitudinal study of the relation between language and theory-of-mind development. *Developmental Psychology, 35*(5), 1311-1320.

Au, T. K., & Glusman, M. (1990). The principle of mutual exclusivity in word learning: To honor or not to honor? *Child Development, 61*(5),

1474-1490.

Baldwin, D. A. (1991). Infants' contribution to the achievement of joint reference. *Child Development, 62*, 875-890.

Baldwin, D. A. (1993). Infants' ability to consult the speaker for clues to word reference. *Journal of Child Language, 20*, 395-418.

Baldwin, D. A. (1995). Understanding the link between joint attention and language. In C. Moore & P. J. Dunham (Eds.), *Joint attention: Its origins and role in development* (pp. 131-158). Lawrence Erlbaum Associates, Inc.

Baldwin, D. A., Markman, E. M., Bill, B., Desjardins, R. N., Irwin, R. N., & Tidball, G. (1996). Infants' reliance on a social criterion for establishing word-object relations. *Child Development, 67*, 3135-3153.

Baron-Cohen, S. (2005). 마음맹: 자폐증과 마음이론에 관한 과학에세이 (*Mindblindness: An essay on autism and theory of mind.*) (김혜리, 이현진 공역). 서울: 시그마 프레스. (원전은 1995년에 출판)

Barton, M. E., & Tomasello, M. (1991). Joint Attention and Conversation in Mother-Infant-Sibling Triads. *Child Development, 62*, 517-529.

Bartsch, K., & Wellman, H. M. (1995). *Children talk about the mind.* NY: Oxford University Press.

Bates, E., & MacWhinney, B. (1982). Functional apporaches to grammar. In E. Wanner & L. R. Gleitman (Eds.), *Langauge Acquisition: the state of the art.* Cambridge: Cambridge University Press.

Bates, E., Marchman, V., Thal, D., Fenson, L., Dale, P., Reznick, J. S., Reilly, J., & Hartung, J. (1994). Developmental and stylistic variation in the composition of early vocabulary. *Journal of Child Language, 21*, 85-124.

Bates, E., Thal, D., & Janowsky, J. S. (1992). Early language development and its neural correlates. In S. J. Segalowitz & I. Rapin (Eds.), *Handbook of neuropsychology, Vol. 7, Child neuropsychology* (pp. 69-110). Amsterdam: Elsevier Science Publishers.

Benedict, H. (1979). Early lexical development: Comprehension and production. *Journal of Child Language, 6*, 183-200.

Bénédicte de Boysson-Bardies (2005). 영아 언어의 이해(*Comment La Parole Vient Aux Enfants*). (강옥경, 김명순 공역). 서울: 학지사. (원전은 1996년에 출판)

Berko, J. (1958). The child's learning of English Morphology. *Word, 14*, 150-177.

Bickerton, D. (1984). The language bioprogram hypothesis. *Behavioral and Brain Sciences 7*, 173-221.

Bickerton, D. (1990). *Language and species.* Chicago: University of Chicago Press.

Birdsong, D. (1999). Introduction: Whys and why nots of the critical period hypothesis for second language acquisition. In D. Birdsong (Ed.), *Second language acquisition and the critical period hypothesis.* Mahwah, NJ: Erlbaum.

Birdsong, D., & Molis, M. (2001). On the evidence for maturational constraints in second-language acquisition. *Journal of Memory and Language, 44*(2), 235-249.

Bloom, P. (1996). Intention, history, and artifact concepts. *Cognition, 60*, 1-29.

Bloom, P. (1998). Some issues in the evolution of language and thought. In D. D. Cummins & C. Allen (Eds.), *The evolution of mind* (pp. 204-223). Oxford: Oxford University Press.

Bloom, P. (2000). *How Children Learn the Meanings of Words.* Cambridge, MA: MIT Press.

Bloom, P., & Markson, L. (1998). Intention and analogy in children's naming of pictorial representations. *Psychological Science, 9*, 200-204.

Borer, H., & Wexler, K. (1987). The maturation of syntax. In T. Roeper, & E. Williams (Eds.), *Parameter setting*, D. Reidel. Dordrecht, Netherlands.

Boysson-Bardies, B. de, Sagart, L., & Durand, C. (1984). Discernible differences in the babbling of infants according to target language. *Journal of Child Language, 11*, 1-16.

Boysson-Bardies, B. de, & Vihman, M. M. (1991). Adaptation to Language: Evidence from Babbling and First Words in Four Languages, *Language 67*(2). 297-319.

Bowerman, M. (1982). Reorganizational processes in lexical and syntactic development. In E. Wanner & L. Gleitman (Eds.), *Language Acquisition: The state of the art.* Cambridge, UK: Cambridge University Press.

Braine, M. (1963). The ontogeny of English phrase structure: The first phase. *Language, 39*,1-14.

Brown, R. (1973). *A first language: The early stages.* Cambridge, MA: Harvard University Press.

Brown, R., & Hanlon, C. (1970). Derivational complexity and order of acquisition in child speech. In J. R. Hayes (ed). *Cognition and the development of language.* New York: Wiley.

Brown, R., & Fraser, C. (1963). The Acquisition of Syntax. In C. N. Cofer & B. S. Musgrave (Eds.), McGraw-Hill series in psychology. *Verbal behavior and learning: Problems and processes* (pp. 158-209). McGraw-Hill Book Company.

Butterworth, G. (1991). The ontogeny and phylogeny of joint visual attention. In A. Whiten (Ed.), *Natural theories of mind.* Blackwell.

Chang-Song, Y-K., & Pae, S. (2003). Noun versus Verb Bias revisited. *Speech Sciences, 10*(1), 131-142.

Cheung, H., Husan-Chih, C., Creed, N., Ng, L., Wang, S., & Mo, L. (2004). Relative roles of general and complementation language in theory-of mind development: Evidence from Cantonese and English. *Child Development, 75*, 1155-1170.

Cho. S. W. (1981). *The acquisition of word order in Korean.* Unpublished master's thesis. The University of Calgary.

Cho, Y. Y., & Hong, K-S. (1988). Evidence for the VP constituent from child Korean. *Papers and Reports on Child Language Development*, *27*, 31-38.

Choi, S., & Gopnik, A. (1995). Early acquisition of verbs in Korean: a cross-linguistic study. *Journal of Child Language, 22*(3), 497-529.

Chomsky, N. (1957). *Syntactic Structure*. Mouton & Co.

Chomsky, N. (1965). *Aspects of the theory of syntax*. Cambridge, MA: MIT Press.

Chomsky, N. (1975). *Reflection on Language,* Pantheon Books

Chomsky, N. (1981). *Lectures on government and binding*. Dordrecht, Holland: Foris.

Chomsky, N. (1986). *Knowledge of Language: Its nature, origin, and use*. New York: Praeger.

Chomsky, N. (2000). *New Horizons in the Study of Language and Mind*. Cambridge University Press.

Clancy, P., Jacobsen, T. & Silva, M. (1976). *The acquisition of conjunction: a cross-linguistic study*. PRCLD 12. 71-80.

Clancy, P. (2000). 한국어의 주격, 목적격 조사의 습득. 인간은 언어를 어떻게 습득하는가: 언어의 의미, 통사구조, 습득에 관한 연구. 대우학술총서 482.

Clark, E. (1973). What's in a word? On the child's acquisition of semantics in his first language. In T. E. Moore (Ed.), *Cognitive development and the acquisition of language*. New York: Academic Press.

Condon, W. S., & Sander, L. W. (1974). Synchrony demonstrated between movements of the neonate and adult speech. *Child Development, 45*, 456-462.

Core, C. (2012). Assessing phonological knowledge. In E. Hoff (Ed.), *Research methods in child language: A practical guide*(1st ed., pp. 79-99). Oxford, UK: blackwell Publishing Ltd.

Curtiss, S. (1977). *Genie: A Psycholinguistic Study of a Modern-Day Wild Child*. New York: Academic Press

Dale, P. S. (1976). *Language Development: structure and function (2nd Ed.)*. New York: Holt.

Darwin, C. (1877). A bibliographical sketch of an infant. *Mind, 2,* 285-294.

DeCasper, A. J., & Fifer, W. P. (1980). Of Human Bonding: Newborns Prefer Their Mothers' Voices. *Science, 208,* 1174-1176.

DeCasper, A. J., & Spence, M. J. (1986). Prenatal Maternal Speech Influences Newborns' Perception of Speech Sounds, *Infant Behavior and Development, 9,* 133-150.

DeKeyser, R. M. (2000). The Robustness of Critical Period Effects in Second Language Acquisition. *SSLA, 22,* 499-533.

Dennett, D. (1978). Belief about beliefs. *Behavioral and Brain Science, 4,* 568-570.

de Villiers, J. G., & de Villiers, P. (1978). *Language Acquisition.* Cambridge: Harvard University Press.

de Villiers, J. G. (1995). Steps in the mastery of sentence complements. *Paper presented at the biennial meeting of the SRCD,* Indianapolis, IN.

de Villiers, J. G. (2000). Language and theory of mind: What are the developmental relationship? In S. Baron-Cohen, H. Tager-Flusberg, & D. Cohen (Eds.), *Understanding other minds: Perspectives from developmental cognitive neurosciences,* 2nd Ed., Oxford: Oxford University Press.

de Villiers, J. G. (2005). Can language acquisition give children a point of view? In Astington, J. W., & Baird, J. A. (Eds.), *Why Language Matters for Theory of Mind.* New York: Oxford University Press.

de Villiers, J. G., & Pyers, J. E. (2002). Complements to cognition: a longitudinal study of the relationship between complex syntax and false-belief-understanding. *Cognitive Development, 17,* 1037-1060.

de Villiers, P. A. (2005). The role of language in theory of mind development: What deaf children tell us. In Astington, J. W., & Baird, J. A. (Eds.), *Why Language Matters for Theory of Mind.* New

York: Oxford University Press.

de Villiers, P. A., Burns, F. A., & Pearson, B. Z. (2003). The role of language in theory of mind development in language impaired children: Complementing theories. In B. Beachley, A. Brown, & F. Conlin (Eds.), *Proceedings of the 27th annual Boston University Language Development Conference* (pp. 232–242). Somerville, MA: Cascadilla Press.

Doherty, M. J. (2013). 마음이론: 아동은 다른 사람의 생각이나 감정을 어떻게 이해하는가 (*Theory of Mind: How Children Understand Others' Thoughts and Feeling*). (이현진 역). 서울: 학지사. (원전은 2009년에 출판)

Dunham, P., & Dunham, F. (1992). Lexical development during middle infancy: A mutually driven infant-caregiver process. *Developmental Psychology, 28*, 414–420.

Eimas, P., Siqueland, P., Jusczyk, P., & Vigorito, J. (1971). Speech perception in infants. *Science, 171*, 303–306.

Farrar, M. J., Lee, H., Cho, Y–H., Tamargo, J., & Seung, H–K. (2013). Language and false belief in Korean–speaking and English–speaking children. *Cognitive Development 28*, 209–221.

Farrar, M. J., & Maag, L. (2002). Early language development and the emergence of a theory of mind. *First Language, 22*, 197–213.

Fifer, W., & Moon, C. (1995). The Effects of Fetal Experience with Sound. In W. Lecamiet, W. P. Fifer, N. Krasnegor, & W. P. Smotherman, (Eds.), *Fetal Development: A Psychobiological Perspective,* Hillsdale, NJ: Erlbaum.

Fodor, J. (1983). *The modularity of mind.* Cambridge: MIT Press.

Fowler, C. A., Treiman, R., Gross, J. (1993). The structure of English syllable and polysyllables. *Journal of Memory and Language, 32,* 115–140.

Fraser, C., Bellugi, C., & Brown, R. (1963). Control of grammar in imitation comprehension and production. *Journal of Verbal Learning and Verbal Behavior 2*, 121–135.

Fromkin, V., & Rodman, R. (1993). *An Introduction to Language* (5th Ed.). Harcourt Brace Jovanovich.

Furrow, D., Nelson, K., & Benedict, H. (1979). Mothers' speech to children and syntactic development: some simple relationships. *Journal of Child Language, 6*(3), 423-442.

Gazzaniga, M. S. (1967). The split brain in man. *Scientific American, 217*(2), 24-29.

Gelman, S. A., & Bloom, P. (2000). Young children are sensitive to how an object was created when deciding what to name it. *Cognition, 76,* 91-103.

Gelman, S. A., & Ebeling, K. S. (1998). Shape and representational status in children's early naming. *Cognition, 60,* 35-47.

Gentner, D. (1978). On relational meaning: The acquisition of ver meaning. *Child Development, 49*(4), 988-998.

Gleitman, L. R., Newport, E. L., & Gleitman, H. (1984). The current status of the motherese hypothesis. *Journal of child language, 11,* 43-79.

Golinkoff, R. M., Hirsh-Pasek, K., Cauley, K. M., & Gordon, L. (1987). The eyes have it: Lexical and syntactic comprehension in a new paradigm. *Journal of Child Language 14,* 23-45.

Golinkoff, R. M., Mervis, C., & Hirsh-Pasek, K. (1994). Early objects labels: The case for d developmental lexical principles framework. *Journal of Child Language, 21,* 125-155.

Gopnik, A., & Choi, S. (1990). Do linguistic differences lead to cognitive differences? A cross-linguistic study of semantic and cognitive development. *First Language, 10,* 199-215.

Gould, S. J. (1979). Panselectionist pitfalls in Parker & Gibson's model of the evolution of intelligence. *Behavioral and Brain Sciences, 2,* 385-386.

Greenberg, J. H. (1963). *Universals of language.* Cambridge, MA: MIT Press.

Grice, H. P. (1989). *Studies in the Way of Words.* Harvard University Press.

Hale, C. M., & Tager-Flusberg, H. (2003). The influence of language on theory of mind: a training study. *Developmental Science 6*(3), 346-359.

Hauser, M. (1997). *The evolution of communication.* Cambridge: MIT Press.

Hirsh-Pasek, K., & Golinkoff, R. M. (1991). Language comprehension: A new look at some old themes. In N. A. Krasnegor, D. M. Rumbaugh, R. L. Schiefelbusch, & M. Studdert-Kennedy (Eds.), *Biological and behavioral determinants of language development* (pp. 301-320). Lawrence Erlbaum Associates, Inc.

Hirsh-Pasek, K., & Golinkoff, R. M. (1996). The Intermodal Preferential Looking Paradigm: A Window onto Emerging Language Comprehension. In D. McDaniel, C. McKee, & H. S. Cairns (Eds.), *Methods for Assessing Children's Syntax.* Cambridge, MA; MIT Press.

Hoff, E. (2017). 언어발달 5판(*Language Development* 5th Ed.). (이현진, 권은영 공역). 서울: 박학사. (원전은 2014년에 출판)

Hoff-Ginsburg, E. (1986). Function and structure in maternal speech: Their relation to the child's development of syntax. *Developmental Psychology, 22,* 155-163.

Hong, J-S., & Lee, H. (1995). The status of mutual exclusivity principle in normal and mentally retarded children: data from Korean. *Paper presented at Biennial meeting of the SRCD 1995.*

Huttenlocher, P. R. (1994). Synaptogenesis in human cerebral cortex. In G. Dawson & K. W. Fischer (Eds.), *Human behavior and the developing brain.* New York: Guilford Press.

Imai, M., & Gentner, D. (1997). A cross-linguistic study of early word meaning: universal ontology and linguistic influence. *Cognition, 62,* 169-200.

Imai, M., Gentner, D., & Uchida, N. (1994). Children's theories of word meaning: The role of shape similarity in early acquisition. *Cognitive Development, 9,* 45-75.

Iverson, P., Kuhl, P. K., Akahane-Yamada, R., Diesch, E., Tohkura, Y., Kettermann, A., & Siebert, C. (2003). A perceptual interference account of acquisition difficulties for non-native phonemes. *Cognition, 87* (1), B47-B57.

Iverson, P., & Kuhl, P. K. (1996). Influences of Phonetic Identification and Category Goodness on American Listeners' Perception of /r/ and /l/. *The Journal of the Acoustical Society of America 99*, 1130.

Jakobson, R. (1981). Why "mama" and "papa"? *Selected writings: Phonological studies.* Paris: Mouton.

Jenkins, J. M., & Astington, J. W. (1996). Cognitive factors and family structure associated with theory of mind development in young children. *Developmental Psychology, 32*(1), 70-78.

Johnson, M. H. (1999). *Developmental Cognitive Neuroscience: An Introduction.* Oxford: Blackwell.

Johnson, J., & Newport, E. (1989). Critical period effects in second language learning: The influence of maturational state on the acquisition of English as a second language. *Cognitive Psychology, 21,* 60-99.

Johnson, S., Slaughter, V., & Carey, S. (1998). Whose faze will infants follow? The elicitation of gaze following in 12-month-olds. *Developmental Science, 1*, 233-238.

Jones S. S., Smith L. B., & Landau B. (1991). Object properties and knowledge in early lexical learning. *Child Development. 62.* 499-516.

Kim, Y-J. (1997). The acquisition of Korean. In D. Slobin (Ed.), *The crosslinguistic study of language acquisition.* Vol 4.

Kuhl, P. (1993). Innate Predispositions and the Effects of Experience in Speech Perception: The Native Language Magnet Theory. In B. de Boysson-Bardies, S. de Schonen, P. Jusczyk, P. MacNeilage, J. Morton, (Eds.) *Developmental Neurocognition: Speech and Face Processing in the First Year of Life.* 259-274.

Kuhl, P., Stevens, E., Hayashi, A., Degushi, T., Kiritani, S., & Iverson, P.

(2006). Infants show a facilitation effect for native language phonetic perception between 6 and 12 months. *Developmental Science 9*(2), F13–F21.

Landau, B., Smith, L., & Jones, S. (1988). The importance of shape in early lexical learning. *Cognitive Development 3*, 299–321.

Lecanuet, P., Cranier-Deferre, C., & Bushnell, M. C. (1989). Differential Fetal Auditory Reactiveness as a Function of Stimulus Characteristics and State. *Seminars in Perinatology, 13*, 421–429.

Lee, H. (1990). Logical Relations in the Child's Grammar: Relative Scope, Bound Variables, and Long Distance Binding in Korean. Unpublished Ph.D. Dissertation, UCI.

Lee, H. (1996). The role of ontological constraints in Korean word learning: from the cross-linguistic point of view. *Paper presented at the VIIth International Congress for the Study of Child Language*.

Lee, H. (1997). Word learning in Korean children. *Paper presented at the Biennial meeting of the Society for Research in Child Development*.

Lee, H., & Yi, K. (1999). *The structure of Korean syllables: evidence from Korean children.* The 107th Convention of the American Psychological Association, Boston. USA.

Lee, H., & Wexler, K. (1987). The Acquisition of Reflexive and pronouns in Korean. *Paper presented at the 12th Annual Boston University Conference on Language Development*.

Lee, K. O. (1990). On the first language acquisition of relative clauses in Korean: The universal structure of COMP. Unpublished Ph.D. Dissertation, Cornell University.

Lenneberg, E. H. (1967). *Biological foundations of language.* New York: Wiley.

Leonard, L., Newhoff, M., & Meselam, L. (1980). Individual differences in early child phonology. *Applied Psycholinguistics, 1*, 7–30.

Lieberman (1984). *The biology and evolution of language.* Cambridge, MA: Harvard University Press.

Liittschwager, J. C., & Markman, E. M. (1994). Sixteen- and 24-month-olds' use of mutual exclusivity as a default assumption in second-label learning. *Developmental Psychology, 30*(6), 955-968.

Lohman, H., & Tomasello, M. (2003). The role of language in the development of false-belief understanding: a training study. *Child Development, 74*, 1130-1144.

Marcus, G., Vijayan, S., Bandi Rao, S., & Vishron, P. M. (1999). Rule learning by seven-month-old infants. *Science, 283*, 77-79.

Markman, E. M. (1991). Constraints of word meaning in early language acquisition. In L. Gleitman & B. Landau (Eds.), *The Acquisition of the Lexicon.* Cambridge: MIT Press.

Markman, E. M., & Hutchinson, J. E. (1984). Children's sensitivity to constraints on word meaning: Taxonomic versus thematic relations. *Cognitive Psychology, 16*, 1-27.

Markman, E. M., & Wachtel, G. F. (1988). Children's use of mutual exclusivity to constrain the meanings of words. *Cognitive Psychology, 20*, 121-157.

Meltzoff, A. N. (1995). understanding the intentions of others: re-enactment of intended acts by 18-month-old children. *Developmental Psychology, 31*, 838-850.

Menyuk, P., Liebergott, J., & Schultz, M. (1995). *Early Language Development in Full-Term and Premature Infants.* Hillsdale, N. J.: Lawrence Erlbaum Associates Publishers.

Merriman, W. E., Scott, P. D., & Marazita, J. (1993). An Appearance-Function Shift in Children's Object Naming. *Journal of Child Language, 20*(1), 101-118.

Milligan, K., Astington, J., & Dack, L. (2007). Language and theory of mind: Meta-analysis of the relation between language ability and false-belief understanding. *Child Development, 78*, 622-646.

Molfese, D. L., Freeman, R. B., & Palermo, D. S. (1975). The ontogeny of brain lateralization for speech and nonspeech stimuli. *Brain and*

Language, 2, 356-368.

Morales, M., Mundy, P., Delgado, C. E. F., Yale, M., Messinger, D., Neal, R., & Schwartz, H. K. (2000). Responding to joint attention across the 6- through 24-month age period and early language acquisition. *Journal of Applied Developmental Psychology, 21*(3), 283-298.

Mundy, P., & Gomes, A. (1998). Individual differences in joint attention skill development in the second year. *Infant Behavior and Development, 21*(3), 469-482.

Muñoz, C. (2010). *On how age affects foreign language learning.* Presented at GALA.

Naigles, L. (1990). Children use syntax to learn verb meanings. *Journal of Child Language, 17,* 357-374.

Nelson, K. (1973). Structure and strategy in learning to talk. *Monographs of the society for Research in Child Development, 38,* No.149.

Neville, H. J., & Lawson, D. (1987). Attention to central and peripheral visual space in a movement detection task: an event-related potential and behavioral study. II. *Congenitally deaf adults. Brain Research, 405,* 268-283.

Neville, H. J. (1995). Developmental specificity in neurocognitive development in humans. In M. Gazzaniga (Ed.), *The Cognitive Neurosciences.* Cambridge: MIT Press.

Newport, E. L. (1990). Maturational constraints on language learning. *Cognitive Science, 14,* 11-28.

Newport, E. L., Gleitman, H., & Gleitman, L. (1977). Mother, I'd rather do it myself: Some effects and non-effects of maternal speech style. In C. E. Snow & C. A. Ferguson (Eds.), *Talking to children: Language input and acquisition.* Cambridge, UK: Cambridge University Press.

Oyama, S. (1976). A sensitive period for the acquisition of a nonnative phonological system. *Journal of Psycholinguistic Research, 5*(3), 261-283

Owens, R. E. (2001). 언어발달*(Language Development).* (이승복 역). 서울:

시그마프레스. (원전은 2001년에 출판)

Perner, J. (1991). *Understanding the representational mind*, Cambridge, MA: MIT Press.

Perner, J., Leekam, S. R., & Wimmer, H. (1987). Three-year-old's difficulty with false belief: The case for a conceptual deficit. *British Journal of Developmental Psychology, 5,* 125-129.

Perner, J., Sprung, M., Zauner, P., & Haider, H. (2003). Want That is understood well before say that, think that, and false belief: A test of de Villiers's linguistic determinism on German-speaking children. *Child Development, 74*(1), 179-188.

Perner, J., Zauner, P., & Sprung, M. (2005). What does "that" have to do with point of view? Conflicting desires and 'want' in German. In J. W. Astington, & J. A. Baird (Eds.), *Why Language Matters for Theory of Mind.* New York: Oxford University Press.

Piaget, J. (1926). *The language and thought of the child.* New York: Harcourt Brace Jovanovich.

Pinker, S. (1994). *Language Instinct.* New York: William Morrow.

Pinker, S., & Bloom, P. (1990). Natural language and natural selection. *Behavioral and Brain Sciences, 13,* 707-784.

Premack, D. & Woodruff, G. (1978). Does the chimpanzee have a theory of mind?. *Behavioral and Brain Science, 1,* 515-526.

Quine, W. V. (1960). *Word and Object.* Cambridge: MIT Press.

Radford, A. (1990). Syntactic theory and the acquisition of English syntax: the nature of early child grammars of English. Oxford: Basil Blackwell

Repacholi, B. M., & Gopnik, A. (1997). Early reasoning about desires: evidence from 14- and 18-month olds. *Developmental Psychology, 33,* 12-21.

Saffran, J. R., Aslin, R. N., & Newport, E. L. (1996). Statistical Learning by 8-month-old infants. *Science, 274*(5294), 1926-1928.

Savage-Rumbaugh, E. S., McDonald, K., Sevcik, R. A., Hopkins, W.

D., & Rubert, E. (1986). Spontaneous symbol acquisition and communicative use by pygmy chimpanzees (Pan paniscus). *Journal of Experimental Psychology: General, 115*(3), 211–235.

Savage-Rumbaugh, E.S., Murphy, J., Sevcik, R. A., Brakke, K. E., Williams, S. L., Rumbaugh, D. M., & Bates, E. (1993). *Language Comprehension in Ape and Child.* Monographs of the Society for Research in Child Development, Vol. 58, No. 3/4,

Scaife, M., & Bruner, J. S. (1975). The capacity for joint visual attention in the infant. *Nature, 253*, 265–266.

Seidenberg, M. S., & Petitto, L. A. (1987). Communication, symbolic communication, and language: Comment on Savage-Rumbaugh, McDonald, Sevcik, Hopkins, and Rupert (1986). *Journal of Experimental Psychology: General, 116*(3), 279–287.

Senghas, A., & Coppola, M. (2001). Children Creating Language: How Nicaraguan Sign Language Acquired a Spatial Grammar. *Psychological Science 12*(4), 323–8.

Shatz, M., Wellman, H. M., & Silber, S. (1983). The acquisition of mental verbs: A systematic investigation of first references to mental state. *Cognition, 14*, 301–21.

Salzinger, K. (1959). Expermental manipulation of verbal behavior. *Journal of General Psychology, 61,* 65–94.

Siegler, R. S., & Alibali, M. W. (2005). *Children's Thinking* (4th ed.). Pearson Education Inc., Prentice Hall.

Sinclair-deZwart, H. (1969). Developmental psycholinguistics. In D. Elkind & J. Flavell (Eds.), *Studies in cognitive development* (pp. 315–336). New York: Oxford University Press.

Singleton, D. (1989). *Language Acquisition: The Age Factor.* Multilingual Matters,

Skinner B. F. (1957). *Verbal behavior.* Cambridge, MA: Prentice Hall.

Slade, L., & Ruffman, T. (2005). How language does (and does not) relate to theory of mind: A longitudinal study of syntax, semantics, working memory and false belief. *British Journal of Developmental Psychology, 23*, 117-141.

Slobin, D. (1979). *Psycholinguistics.* Scott, Foresman & Company.

Snow, C. E. (1972). Mothers' speech to children learning language. *Child Development, 43*(2), 549-565.

Soja, N., Carey, S.,& Spelke, E. (1991). Ontological categories guide young children's inductions of word meaning: Object terms and substance terms. *Cognition*, 38, 179-211.

Spelke, E. (1976). Infants' intermodal perception of events. *Cognitive Psychology, 8,* 553-560.

Sperry, R. W., & Gazzaniga M. S. (1967). Language following Surgical Disconnection of the Hemispheres. *Brain Mechanisms Underlying speech and Language.*

Sperry, R. W. (1982). Some effects of disconnecting the cerebral hemispheres. *Science. 217*(4566), 1223-6.

Stern, C., & Stern, W. (1907). *Die kidersprache,* Leipzig, Germany: Barth.

Stiles, J. & Thal, D. (1992). Linguistic and spatial cognitive development following early focal brain injury: patterns of deficit and recovery. In M. H. Johnson (ed.), *Brain Development and Cognition: A Reader,* 643-64. Oxford: Blackwell.

Stoel-Gammon, C., & Cooper, J. A. (1984). Patterns of early lexical and phonological development, *Journal of Child Language, 11,* 247-271.

Tager-Flusberg, H., & Joseph, R. M. (2005). How language facilitates the acquisition of false-belief understanding in children with autism. In J. W. Astington & J. A. Baird (Eds.), *Why language matters for theory of mind.* New york: Oxford University Press.

Tardif, T., So, C., & Kaciroti, N. (2007). Language and false belief: Evidence for general, not specific effects in Cantonese-Speaking Preschoolers. *Developmental Psychology, 43*, 318-340.

Tardif, T., & Wellman, H. M. (2000). Acquisition of mental state language in Mandarin-and Cantonese-speaking children. *Developmental*

Psychology, 36, 25-43.

Tomasello, M., & Barton, M. (1994). Learning words in non-ostensive contexts. *Developmental Psychology, 30,* 639-650.

Tomasello, M., & Farrar, J. (1986). Joint attention and early language. *Child Development, 57,* 1454-1463.

Tomasello, M., Strosberg, R., & Akhtar, N. (1996). Eighteen-month-old children learn words in non-ostensive contexts. *Journal of Child Language, 23.* 157-176.

Tomasello, M, & Todd, J. (1983). Joint attention and lexical acquisition style, *First Language, 4,* 197-212.

Treiman, R. (1986). The division between onsets and rimes in English syllables. *Journal of Memory and Language, 25,* 476-491.

Vygotsky, L. S. (1962). *Thought and language.* Cambridge, MA: MIT Press.

Watson, A., Painter, K., & Bornstein, M. (2001). Longitudinal relations between 2-year-olds' language and 4-year-olds' theory of mind. *Journal of Cognition and Development, 4,* 449-458.

Wellman, H. M. (1990). *The child's theory of mind.* Cambridge, MA: Bradford Books.

Wellman, H. M., Cross, D., & Watson, J. (2001). Meta-analysis of theory of mind development: The truth about false belief. *Child Development, 72,* 655-684.

Wexler, K. & Culicover, P. (1980). *Formal principles of language acquisition.* Cambridge, MA: MIT Press.

Whitehurst, G., & Vasta, R. (1975). Is language acquired through imitation? *Journal of Psycholinguistic Research, 4,* 37-59.

Wimmer, H., & Perner, J. (1983). Beliefs about beliefs: Representation and constraining function of wrong beliefs in young children's understanding of deception. *Cognition, 13*(1), 103-128.

Yamada, J. E. (1990). *Laura: A case for the modularity of language.* Cambridge: MIT Press.

찾아보기 <<<

· 인명 ·

· 내용 ·

■))) 저자 소개

이 현 진(Lee, Hyeonjin)

한국외국어대학교 일본어과 학사

서울대학교 대학원 심리학과 석사

미국 University of California, Irvine 심리학 박사

현 영남대학교 유아교육과 교수

〈주요 저서 및 역서〉

발달심리학(공저, 학지사, 2019)

심리학의 이해(5판, 공저, 학지사, 2019)

언어심리학(공저, 학지사, 2003)

언어발달(공역, 박학사, 2016)

인간의 의사소통기원(역, 영남대학교출판부, 2015)

마음이론(역, 학지사, 2013)

심리학 입문 시리즈
발달심리

언어발달: 아동은 어떻게 언어를 습득해 가는가

Language Development: How do children acquire their languages

2021년 2월 20일 1판 1쇄 인쇄
2021년 2월 25일 1판 1쇄 발행

지은이 • 이현진
펴낸이 • 김진환
펴낸곳 • (주) **학 지 사**

04031 서울특별시 마포구 양화로 15길 20 마인드월드빌딩
대표전화 • 02)330-5114   팩스 • 02)324-2345
등록번호 • 제313-2006-000265호

홈페이지 • http://www.hakjisa.co.kr
페이스북 • https://www.facebook.com/hakjisabook

ISBN 978-89-997-2318-6 93180

정가 14,000원

출판 · 교육 · 미디어기업 학 지 사

간호보건의학출판 **학지사메디컬** www.hakjisamd.co.kr
심리검사연구소 **인싸이트** www.inpsyt.co.kr
학술논문서비스 **뉴논문** www.newnonmun.com
원격교육연수원 **카운피아** www.counpia.com